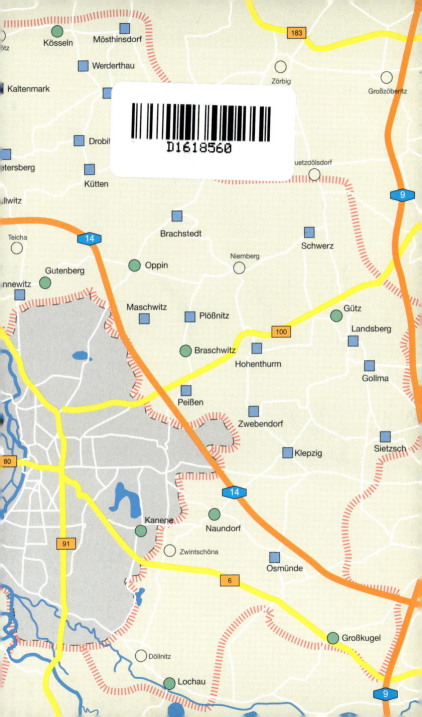

Mit dem Herzen sehen

Kirchen im historischen Saalkreis

Dieses Buch wurde
durch das Land Sachsen-Anhalt und
den Landkreis Saalekreis gefördert

Bernd Heinrich

Mit
dem Herzen
sehen

Kirchen im historischen Saalkreis

mit

27 kolorierten Zeichnungen von

Jutta Krause-Petroll

Verlag Roland Heinrich
Halle an der Saale, 2012

Inhaltsverzeichnis

Notwendige Vorbemerkung

Dieses Buch weicht gleich mehrfach von seinem Vorgänger ab. Nachdem „Die Augen öffnen – Kirchen im historischen Saalkreis" erschienen war, fragten Leser, die sich im Territorium nicht so gut auskennen, nach dem genauen Standort der insgesamt 30 Kirchen beziehungsweise der Lage der jeweiligen Gemeinde. Mehrmals wurde der Vorschlag unterbreitet, auf einer eingelegten Karte oder auf andere geeignete Weise entsprechende Hilfe zu geben. Diesem Wunsch wird in diesem Buch entsprochen. Die Standorte der 30 Kirchen aus dem Band „Die Augen öffnen" sowie der 27 Kirchen in „Mit dem Herzen sehen" sind im Vorsatz und Nachsatz auf einer Saalkreiskarte entsprechend markiert; die Orte aus dem ersten Band sind blau gekennzeichnet, die aus dem vorliegenden Band grün.

Eine weitere Neuerung, die ebenfalls auf Hinweise von Lesern zurückgeht, ist das Kapitel „Begriffsdefinitionen" im Anhang. Hier werden in wenigen Sätzen fachliche Bezeichnungen erklärt und erläutert, die nicht jedermann geläufig sind, jedoch zum besseren Verstehen des Textes beitragen sollen.

Als dritte „Neuheit" wird das Prinzip durchbrochen, generell ausschließlich Kirchen aus dem historischen Saalkreis vorzustellen. Mit der Hereinnahme der Kirchen von Kanena und Lettin in das vorliegende Büchlein sind also auch zwei Kirchen aus Halle präsent. Der einfache und wohl auch nachvollziehbare Grund sind die vorliegenden kolorierten Zeichnungen dieser beiden Kirchen, die von Jutta Krause-Petroll seinerzeit angefertigt wurden und nun ihre entsprechende Berücksichtigung finden sollen, getreu dem hinlänglich bekannten Motto: Keine Regel ohne Ausnahme, zumal beide Gotteshäuser mit ihrem Standort am Stadtrand von Halle dem Saalekreis näher sind als beispielsweise dem halleschen Marktplatz.

Schließlich gilt der Text über die Dorfkirche St. Elisabeth einer Vertreterin der katholischen Pfarrei Halle-Nord, zu der Zappendorf gehört. Gern soll auch hier die Ausnahme von der Regel gelten. Zumal: insgesamt etwa 40 Kirchen in den Gemeinden des historischen Saalkreises – von Dammendorf über Höhnstedt und Löbejün, Schochwitz und Wettin bis nach Zörnitz – sind noch immer unberücksichtigt.

In einem möglichen dritten Band werden wohl weitere Ausnahmen möglich und nötig sein …

Bernd Heinrich

Vorwort

GOTTESHÄUSER PFLEGEN UND ERHALTEN – Die in großer Zahl vorhandenen Kirchen in Sachsen-Anhalt prägten und prägen die Landschaft, die Städte und Dörfer auch im historischen Saalkreis. Das ist vor allem den zahlreichen Einwohnerinnen und Einwohnern in den Gemeinden zu verdanken, die sich mit hohem persönlichen Einsatz, mit Ideenreichtum, viel Phantasie und großem Idealismus für den Erhalt „ihrer Kirche" eingesetzt haben und weiter einsetzen. Immerhin ist zum Beispiel die Evangelische Kirche in Mitteldeutschland mit fast 4000 Gotteshäusern eine der kirchenreichsten Landeskirchen. Allein im historischen Saalkreis stehen etwa 100 Kirchen.

Viele Gotteshäuser waren – auch als ein Ergebnis kirchenferner Staatspolitik – trotz aller Bemühungen verfallen und über viele Jahre, mitunter mehrere Jahrzehnte verlassen. An Dachstühlen und Kirchtürmen hatte der Zahn der Zeit arg genagt. Durch desolate Dächer drang Wasser ins Innere der Gotteshäuser und richtete immense Schäden an. Wände zeigten deutliche Risse oder stürzten sogar ein. Wertvollen Gemälden drohte die völlige Zerstörung. Hausschwamm und schädliche Insekten leisteten im negativen Sinne ganze Arbeit. Kircheninventar – Altäre, Orgeln, Emporen, Taufsteine und -becken – war kaum noch zu retten. Kirchenabrisse drohten und drohen noch immer. Dazu tragen auch der demografische Wandel, geringe Kirchenbindung, weniger Kindstaufen und vermehrte Austritte bei. Seit Jahren ist immer wieder die Rede von Schließungen und Entwidmung oder Profanierung.

Dagegen regt sich zunehmend Widerstand. Die Diskussion ist im vollen Gange über eine schonende und angemessene Nachnutzung. Nicht nur gläubige Menschen wehren sich gegen Radikallösungen. Sicher tragen auch ein regelrechter Bauboom in den zurückliegenden Jahren sowie die Renovierung zahlreicher Häuser und die

Sanierung vieler Straßen in den Gemeinden dazu bei, auch der Kirche – gewissermaßen als weithin sichtbarer Mittelpunkt der Ortschaft – ein schmuckes Antlitz zu geben. Mutig und engagiert schließen sich Dorfbewohner – Einheimische wie Zugezogene, Handwerker und Lehrer, Jugendliche und Senioren, parteilose Ortsbürgermeister ebenso wie Vertreter von Parteien oder potente Geldgeber – zusammen, um den Erhalt der Dorfkirche zu sichern. Und dies mit zunehmendem Erfolg. Oftmals sitzen Christen und Nichtchristen in Fördervereinen, Bürgerinitiativen und Aktionsgruppen zusammen und beraten über Spendensammlungen, gemeinsame Veranstaltungen, freiwillige Bauleistungen usw. usf. Viele Einwohner spenden Geld und tragen ihren Teil zur Rettung und Sanierung der Ortskirche bei.

Zunehmend finden sich Lösungen, gibt es entsprechende Nachnutzungskonzepte. So sind anderenorts schon Altenheime und Begegnungszentren, Konzertsäle und Ateliers, Kindergärten, Bibliotheken und Restaurants entstanden. Gewiss gibt es Konflikte, konträre Meinungen und leidenschaftliche Diskussionen, Unterschriftensammlungen, Transparente und andere öffentliche Proteste, auch Trauer, Wut und Enttäuschung. Die Wellen der Emotionen schlagen oftmals hoch. Aber ist der Erhalt des Gotteshauses in der Gemeinde durch Mehrfachnutzung nicht allemal besser als Kirchenruinen, drohender Vandalismus und schließlicher Abriss? Darüber lohnt sich bei allen Vorbehalten und Zweifeln nachzudenken.

Über die vielgestaltigen Aktivitäten zur Kirchenrettung zu berichten, war Anliegen des Buches „Die Augen öffnen – Kirchen im historischen Saalkreis". Darin sind 30 der mehr als 100 Gotteshäuser rund um Halle erfasst. Im Vorwort war die Rede von der Vorstellung weiterer Kirchen in einem möglichen zweiten oder gar dritten Band. Das anhaltend positive Echo hat mich ermutigt, gemeinsam mit der Zeichnerin Jutta Krause-Petroll ein zweites Büchlein „Mit dem Herzen sehen – Kirchen im historischen Saalkreis" vorzulegen. Diesmal werden weitere 27 Kirchen in Bild und Text vorgestellt.

Sicher gibt es weiterhin viel zu tun. Etwa zwei Drittel der mitteldeutschen Kirchen haben nach Schätzungen hohen Sanierungsbedarf. Gewiss werden noch Millionen Euro gebraucht und verbaut werden. Aber die vielen kleinen Schritte in den zurückliegenden über zwei Jahrzehnten haben vielerorts allmählich ein neues Land- und Dorfbewusstsein auferstehen lassen. Zahlreiche Gotteshäuser sind im Wortsinn „offene Kirchen" geworden. Neben Gottesdiensten, Kindtaufen und Hochzeiten stehen sie zunehmend auch für Chortreffen, Kindertheater, Buchlesungen, Gemeindefeste und für private Feiern zur Verfügung.

So hat das Motto „Die Kirche gehört ins Dorf" einen Bedeutungswandel erfahren; die erweiterte Nutzung sichert das Überleben. Das Christentum als Bildungsgut rückt allmählich wieder näher ins Bewusstsein und lebt mit und neben den Nichtchristen.

Schließlich soll die Publikation – gewissermaßen auch als eine historische Abhandlung – dazu beitragen, sich architekturgeschichtlich vor Ort auf Spurensuche zu begeben zu unseren Altvorderen und zu bewahren wie zu erhalten, was uns aus vergangenen Zeiten überliefert wurde. Jedenfalls sei allen Besuchern – sei es auf den Seiten dieses Buches oder vor Ort in den Gemeinden des historischen Saalkreises – ein angenehmer und ebenso erlebnis- wie erkenntnisreicher Aufenthalt gewünscht; nebst vielmals überraschenden, manchmal spannenden, mitunter auch kuriosen Entdeckungen.

Seien Sie aufgeschlossen. Bleiben Sie neugierig.

Bernd Heinrich

Angersdorf

Die Nachricht: „Wetterfahne und Turmkugel der Angersdorfer Kirche werden restauriert. Diese Arbeit übernimmt nach Auskunft der Kirchengemeinde Silberschmied Jörg Otto aus Halle. Die Turmkugel wurde bereits geöffnet. Gefunden wurde eine Schatulle mit Dokumenten aus dem Jahre 1896", kann man am 20. Mai 2010 in der „Mitteldeutschen Zeitung" (MZ) lesen.

Die Geschichte hinter der Nachricht: Nach einem Sturm in der Nacht vom 28. Februar zum 1. März 2010 wird der Kirchturm eingerüstet, um notwendige Folgeschäden zu beseitigen. Damit ist gleichzeitig die Gelegenheit gegeben, die abgebrochene Wetterfahne mit der Jahreszahl 1869 zu erneuern sowie die Turmkugel zu öffnen und zu vergolden. Am 19. Mai wird die in der MZ-Meldung erwähnte Schatulle in der Winterkirche im Beisein zahlreicher Angersdorfer geöffnet. „Folgende Dokumente", schreibt Pfarrer Holger Herfurth, „fanden wir vor: Abschrift der Urkunde vom September 1835, verfasst vom Schullehrer Johann Gottfried Süsse; Abschrift der Urkunde vom 18. April 1876, verfasst von Pfarrer Bethge; Urkunde vom 22. April 1952, verfasst von Pfarrer Gerhard Zeller." Außerdem werden eine Gewehrkugel aus Blei, eine 2-Mark-Reichsmünze von 1939 mit dem Bildnis von Paul von Hindenburg (1847 bis 1934), drei ostdeutsche Münzen – ein Pfennig, 10 Pfennig, 50 Pfennig – und deren westdeutsche Pendants gefunden. Die Bleikugel kann als ein Beleg dafür gelten, dass einst auf die Turmkugel gezielt wurde. „Denn", so schreibt Pfarrer Zeller 1952, „die Kugel wurde in der letzten Urkundenhälfte gefunden, hat die alten Urkunden so verletzt, dass Abschriften angefertigt werden mussten."

Dokumente von 1896, wie von der MZ gemeldet, findet man allerdings nicht. Dafür wird eine vierte Urkunde am 1. Juni 2010 eingelegt, zusammen mit einer aktuellen Tageszeitung, neuen

Schriftstücken und gültigen Münzen. So wird die Nachwelt in etwa 35 Meter Höhe informiert über die Schiefereindeckung durch die Firma Martin Rohne aus Dederstedt, die Vergoldung der neuen Wetterfahne und der Turmkugel durch Silberschmiedemeister Jörg Otto aus Halle, über die Reinigung und Neubefestigung des Zifferblattes der Kirchturmuhr durch die hallesche Glocken- und Kirchentechnik Halle/Saalekreis von Martin Eckhardt.

„Dem Spendenaufruf des Gemeindekirchenrates Angersdorf", heißt es in dem von Pfarrer Herfurth aufgeschriebenen Text, „sind viele gefolgt. ... Möge die neue Kirchturmspitze weit ins Land hinein leuchten und verkünden, dass in Angersdorf Menschen da sind, denen ihre Kirche in der Mitte des Ortes wichtig ist." Mit einem Gruß an alle, „die diese Texte einmal nach uns lesen" und einem Vers aus dem Wochenlied im Evangelischen Gesangbuch Nr. 139 „Gelobet sei der Herr, mein Gott, mein Trost, mein Leben, / des Vaters werter Geist, den mir der Sohn gegeben, / der mir mein Herz erquickt, der mir gibt neue Kraft, / der mir in aller Not / Rat, Trost und Hilfe schafft", schließt der Brief an die Nachgeborenen.

„Die Reparirer dieses Thurms", schreibt in der Urkunde vom September 1835 Schullehrer Johann Gottfried Süsse, „sind: 1) der Klempnermstr. Ferdinand Weber aus Halle. 2) der Ziegel u. Schieferdeckermstr. J. A. Kunze a. Halle. 3) der Zimmermeister Helm aus Halle." – „Auch verdient hier noch bemerkt zu werden, dass in diesem Jahre eine solche grosse Trockenheit gewesen ist wie die ältesten Personen hiesigen Orts noch nicht erlebt haben; denn vom 20ten Mai bis 9ten Septbr: (sind 16 Wochen) hat es wenig, fast gar nicht geregnet. Die Getraide-Erndte in diesem Jahre ist bei uns ganz vorzüglich ausgefallen; dahingegen ist die Erndte der Herbstfrüchte, besonders der Kartoffeln, sehr gering und unergiebig."

„In der Nacht vom 12. zum 13. Maerz 1876", lesen wir in der von Pfarrer Bethge geschriebenen Urkunde vom 18. April 1876,

„wüthete ein furchtbarer Sturm, der weit und breit großen Schaden anrichtete und auch die Spitze des hiesigen Kirchthurms mit dem Knopfe, der Fahne und dem Sterne umbrach. Als die Spitze durch den Schlossermeister Planert und den Zimmermann Albrecht aus Holleben herabgenommen war, fand sich in dem Knopfe das beiliegende von dem damaligen Lehrer G. Süsse im September 1835 angefertigte und bei einer Reparatur des Thurms in den Knopf gelegte Schriftstück vor. Dasselbe wurde am 18. April 1876, an welchem Tage die Spitze neu aufgesetzt wurde, mit diesem Schriftstück zusammen in den Knopf wieder hineingelegt." Dort lesen wir auch, dass sowohl bei den Friedensschlüssen nach dem Preußisch-Österreichischen Krieg 1866 als auch nach dem Deutsch-Französischen Krieg 1870/71 „auf dem Platze hinter dem Pfarrgarten eine Friedenseiche gepflanzt, welche bei den Friedensfesten 1866 und 1871 feierlich geweiht wurden. Auch ist der 2. September als Nationalfesttag jedes Jahr in Schlettau festlich gefeiert worden."

In der dritten Urkunde vom 22. April 1952 berichtet Pfarrer Gerhard Zeller von der Notwendigkeit einer Neueindeckung des Kirchturmes nach Wurmfraß, Witterungsschäden und nistenden Vögeln. Das Holzwerk des Turmreiters sei „völlig morsch geworden, abgebrochen und durch neues ersetzt" worden. „Bedenken wir", schreibt Pfarrer Zeller bereits 1952, nur sieben Jahre nach dem Ende des Zweiten Weltkrieges, „dass die Zeitläufte immer bewegter und beunruhigender, das Tempo immer rasender, die Entfernungen immer kleiner, die Verhältnisse immer schwieriger und die Menschen immer unsicherer werden! ... Gott bewahre uns vor dem verderbenbringenden Ausbruch eines 3. Krieges! Er helfe unserem armen, gestraften Volk durch die vielfältig erfahrenen Heimsuchungen, zur Heimkehr zu I h m, verleihe uns Frieden und gnädiglich zu unseren Zeiten, dass wir bald wieder eins seien in Ost und West und, befreit von Last und Druck, Sorge und Not, unser Vaterland uns wieder zu einer Heimat werde ...".

Die Kirche in Angersdorf, ein einschiffiger Bruchsteinbau mit flachem dreiseitigen Ostschluss und einem Westquerturm, ist ursprünglich romanisch. Dehio verortet sie in der zweiten Hälfte des 12. Jahrhunderts wegen der romanischen Schallarkaden im Turm und der rundbogigen Pforte. 1708 soll die Kirche erneuert worden sein. Dagegen gehen aktuelle Untersuchungen von einem kompletten Kirchenneubau aus. Lediglich die alten romanischen Türbeschläge und die Gewändesteine des Südportals werden wiederverwendet. Bei einem verheerenden Brand am 31. März 1750 werden viele Gebäude Opfer der Flammen. Kirche, Pfarre und Schule sind völlig zerstört. 1756 erfolgt eine umfassende Restaurierung des Gotteshauses. Die Ausstattung im Kircheninneren stammt aus dem 17. und 18. Jahrhundert und ist weitgehend geschlossen erhalten; mit einer verputzten Muldendecke und einer Hufeisenempore, deren einzelne Felder Ornamente zieren. Der Kanzelaltar aus Holz stammt aus dem Jahr 1666. Ein Gemälde auf der Predella unterhalb der Kanzel zeigt das Abendmahl. Die Kanzel selbst enthält drei Evangelistenbilder, der Aufsatz über der Kanzel ein Auferstehungsbild.

Der Orgelprospekt stammt aus den ersten Jahren des 19. Jahrhunderts. Die Orgel wird 1841 von Friedrich Wilhelm Wäldner gebaut. Wäldner ist 1785 in Olbersleben bei Sömmerda geboren und 1852 in Halle gestorben. Er führte in Halle von 1815 bis zu seinem Tode eine Orgelbauwerkstatt und baute zahlreiche Orgeln in der Umgebung der Saalestadt. Insgesamt soll er etwa einhundert Orgeln gebaut haben. Die von ihm für den Dom zu Halle erbaute Orgel, die an die Stelle des alten und stark reparaturbedürftigen Instruments von 1667 gestellt wird, ist seine größte.

Angersdorf ist als Dachendorph – oder Donichendorpf – erstmals im Jahr 899 unter den Zehntpflichtigen Dörfern des Klosters Hersfeld zu finden. Erst 400 Jahre später – 1299 – wird der Nachbarort Schlettau als Scletouwe – slawisch Sletowe – erwähnt. Die slawische Schreibweise soll auf das Jahr 600 zurückgehen. Schnurkeramische Funde verweisen auf eine Besiedlung der Ortslage in der Jungsteinzeit. An anderer Stelle heißt es: „Bei der ersten urkundlichen Erwähnung der Ortsteile Sletowe (Schlettau) und Czantmersdorf (Angersdorf) vom 4. Januar 1347 lagen Sletowe und Czantmersdorf im Burgward von Hunleve (Holleben). Da Sletowe slawischen Ursprungs ist, muss dieser Name 1939 aus politischen Gründen dem germanischen Angersdorf weichen.

Die Jahresniederschlagsmengen sind extrem niedrig und liegen mit 437 mm im untersten Zwanzigstel der in ganz Deutschland erfassten Werte. Es wird behauptet, dass an keiner Messstation des deutschen Wetterdienstes niedrigere Werte registriert werden. Im völligen Widerspruch dazu steht die Tatsache, dass das fruchtbare Weide- und Ackerland vom Hochwasser gefährdet ist. Überliefert ist die dramatische Rettung einer Angersdorfer Familie aus den Trümmern ihres eingestürzten Hauses 1799, als die Region von einer der schwersten Saalefluten heimgesucht wurde.

1863 hielt mit dem Bau der „Kasseler Bahn" das technische Zeitalter und damit einhergehend ein spürbarer wirtschaftlicher Aufschwung Einzug. In großem Stil wurden Kali und Braunkohle abgebaut. Das Gebiet Angersdorf gehört dadurch zu den ältesten regionalen Bergbaugebieten. Der Schacht Angersdorf soll noch heute eine direkte Verbindung zur Grube Teutschenthal haben …

Benkendorf

„Und wenn die Jungen (Kinder) nicht mit in die Kirche wollen, können sie draußen wippen", lese ich auf einer Internet-Seite. Unmittelbar neben der Benkendorfer Kirche St. Michael befindet sich eine kleine Wiese. Und darauf steht tatsächlich eine Wippe. Die Kirche erreicht man in wenigen Schritten von der Durchgangsstraße, an der sie steht, aber auch von einer Nebenstraße über eine kleine, erst in jüngerer Zeit erbaute hölzerne Fußgängerbrücke. Der Vorplatz präsentiert sich in einem ordentlichen Zustand. Im Sommer blühen Blumen in den gepflegten Beeten.

Ursprünglich steht an der Stelle lediglich ein Turm als Wachturm. Das Kirchenschiff wird später angebaut. Das ist anhand des Aufbaus der aneinander gefügten Steinquader deutlich zu erkennen. Der Turm mit romanischen Schallarkaden und Würfelkapitellen stammt vom Ursprungsbau aus der zweiten Hälfte des 12. Jahrhunderts. Teile des Kirchenschiffes, vermutlich vom Ende des 12., Anfang des 13. Jahrhunderts, sind ebenfalls erhalten. Das Schiff wird 1499 verlängert, um 1750 barockisiert. St. Michael gehört zum evangelisch-lutherische Pfarramt von Müllerdorf im Salzatal, so wie Benkendorf und Müllerdorf schon seit langem eine Kirchengemeinde bilden.

Das kleine Gotteshaus betritt man durch eine nachgebaute neue und reich verzierte Tür aus hellem Holz. Angefertigt hat diese etwa 1,90 Meter hohe Eingangstür nach dem Original Harald Hillger, Geschäftsführer der Pfützthaler Tischlerei, im Jahr 2009. Die Originaltür ist noch vorhanden und kann in der Kirche gleich neben dem Eingang besichtigt werden. Ausstattung und Einrichtung von St. Michael kann getrost als einfach und schlicht bezeichnet werden. Obwohl eine Lichtleitung bis an die Kirche herangeführt ist, gibt es keinen elektrischen Strom. Kerzenlicht und ein Wärme spendender alter Ofen verbreiten während der

Weihnachtsandacht die entsprechende besinnlich-romantische Stimmung. Letzterer sollte möglichst nach einer neben dem Ofen befestigten „Vorschrift für den Heizer" befeuert werden. Beispielsweise ist der Schornstein zunächst durch ein sogenanntes Lochfeuer anzuwärmen …

Der gemauerte Schornstein selbst ist 1988 mit Schiefer verkleidet worden. In den 80er Jahren werden auch das Dach neu gedeckt und die Wände im Kirchenschiff weiß gekalkt. Lediglich mit Kalk gestrichen sind die Innenwände wegen der überall sichtbar aufsteigenden Nässe. Ihre feuchten Spuren hat sie an den Wänden, auf den Fußbodenfliesen, anhand abblätternder Farbe am Altar und vor allem an und in der defekten Orgel hinterlassen. Der an der Kirche bis in etwa zwei Meter Höhe bereits angebrachte Außenputz muss wegen der Feuchtigkeit wieder entfernt werden. Eine umfassende Sanierung ist wegen der fehlenden Finanzen nicht möglich.

Am Kanzelaltar steht der Spruch „Kommt her zu mir alle, die ihr mühselig und beladen seid. Ich will euch erquicken". Darüber schaut ein hölzerner Engelskopf ins Kircheninnere. Die Orgel steht auf einer rechtwinkligen, schmucklosen Empore. Die hölzerne Kirchendecke – gewissermaßen ein flachgedrücktes Tonnengewölbe – lässt den einstigen Glanz durch ein noch immer gut erkennbares umlaufendes Schmuckband erahnen. Allerdings müssen auch hier beträchtliche Farbschäden registriert werden.

Eine Uhr ist nicht vorhanden. Dafür läuten zwei Bronzeglocken zu den Gottesdiensten, das heißt, sie werden von Christian Wegeleben per Hand geläutet. Die kleine Glocke verschwindet während des Zweiten Weltkrieges, soll aber nach dem Ende des Krieges genau so unerklärlich wieder aufgetaucht sein, wie sie plötzlich fehlte. Es wird vermutet, dass auch aus der Benkendorfer Kirche wie aus vielen anderen Gotteshäusern in der Region eine Glocke für die Rüstungsindustrie entfernt und später dann möglicherweise aus einer Sammelstelle zurückgeführt wird.

Seit etwa 30 Jahren bestehen Kontakte zwischen der Benkendorfer und der Partnerkirchgemeinde aus dem rheinhessischen Bodenheim, etwa 12 Kilometer südlich von Mainz. Bodenheim ist ein staatlich anerkannter Fremdenverkehrsort und durch den Weinbau stark geprägt. Es gibt regelmäßige beiderseitige Besuche durch Gemeindeglieder.

Benkendorf gehört bis 1950 zum „Mansfelder Seekreis" und ist jetzt ein Ortsteil der Gemeinde Salzatal. Die Gemeinde ist wahrscheinlich bereits im 8. Jahrhundert während der frühfränkischen Kolonialzeit gegründet. Urkundlich erwähnt wird Benkendorf als Villa Panicandorf im Hassegau. Der Hassegau – auch Hassago, Hassega oder Hohsegowe – bezeichnet das Gebiet zwischen Mansfeld, Naumburg, Halle und Wettin. Er gehörte zum Hersfeldischen Missionsgebiet. Ein weiteres Benkendorf ist Ortsteil der jetzigen Großgemeinde Teutschenthal im noch sehr jungen Saalekreis und liegt nahe Holleben. Schließlich heißt ein Ortsteil der Stadt Salzwedel im Altmarkkreis Salzwedel ebenfalls Benkendorf.

In den Lexika taucht der Ort auch als Familienname auf: Johann Friedrich von Benkendorf (1716-1765) war ein königlich-preußischer Oberstleutnant und Kommandeur des III. Grenadierbataillons; Ludwig Ernst von Benkendorf (1711-1801) war ein sächsischer Kavalleriegeneral. Ob hier familiäre Bande bestehen zu einem früheren Adelsgeschlecht im Baltikum und in Franken, soll den interessierten Kirchenbesucher weniger tangieren. Für Namensforscher eröffnet sich allerdings ein interessantes Betätigungsfeld …

Bennstedt

Die erste elektrische Glühlampe wird in Bennstedt 1910 eingeschaltet.

Die erste Ansiedlung ist durch einen Eintrag im Hersfelder Zehntenverzeichnis bereits 800 nachweisbar. Das Verzeichnis Hersfelder Zehnten listet die Orte und Burgen im Gau Friesenland und im Hassegau auf, aus denen die Reichsabtei Hersfeld den Kirchenzehnt bekam. Bennstedt im Hassegau wird hier Bannungestat genannt. Nachweislich wird in der Region seit dem 13. Jahrhundert Wein angebaut. Beispielsweise besaßen die Ritter von Höhnstedt auf dem Zorgesberg nahe Bennstedt einen Weingarten.

Das alte Ortssiegel zeigt die Dorfkirche. Die im romanischen Stil überwiegend aus Feldsteinen erbaute einschiffige Pfarrkirche stammt im Kern wohl bereits aus der ersten Hälfte des 13. Jahrhunderts. Allerdings wird sie urkundlich erst 1298 erwähnt. Der Chor des Sakralbaus wird im 14. Jahrhundert angebaut. Ein verheerendes Feuer zerstört 1681 das Dorf. Davon ist auch das Gotteshaus betroffen. An die zwanzig Wohnhäuser seien, schreibt nach den Angaben von Dr. Gerlinde Schlenker Pfarrer M. Christian Sommer noch im selben Jahr im Rechnungsbuch der Pfarrei Bennstedt, „sampt Kirche und Schule, faßt in einer Stundt auf einmahl eingeäschert, also dass das geringste nicht auß der Kirche hat Können gerettet werden, auch weder Altaar, noch Taufstein, die doch Steiners geweßen, stehen blieben, sondern Zersprungen und zerschmettert und die Glocken Zerschmoltzen worden von der alzugroßen Hitze wie das auch die Kirch Mauern auf eine halbe Elle in der Dicke gantz Mürbe verbrandt, daß es Herabgefallen und dem gantzen Mauerwerk großer Schaden dadurch geschehen. Solcher große Unglückstag der Kirche war der 20. April D.811 post Misspost erichordias Domini Anno 1681".

Bereits ein Jahr nach dem Brand werden das Schiff und der quadratische Turm neu aufgebaut. Über dessen Wehrcharakter gehen die Meinungen auseinander. Einerseits wird eingeräumt, dass er Dorfbewohnern durchaus Schutz bot. Andererseits spricht die geringe Wandstärke zwischen 70 Zentimetern und einem Meter gegen eine wirksame Wehrhaftigkeit. Durch zwei Rundbögen öffnet er sich „westlich zum Kirchenschiff und in östlicher Richtung zum anschließenden Fünfachtel-Chor". Einen „Fünfachtel-Schluss" finden wir beispielsweise auch in Holleben. Im 19. Jahrhundert wird dem Chorturm ein schiefergedecktes Türmchen aufgesetzt. Außerdem bekam er eine Uhr. „Am Kirchturm," heißt es auf der Homepage der Evangelischen Kirche in Mitteldeutschland, „befinden sich Schallarkaden aus dem 13. Jahrhundert, an der Südseite des Schiffes ein spätgotisches Portal mit sog. Durchsteckprofilen (zitiert nach Dehio). An der Nordseite des Turmes befindet sich ein restaurierter Anbau mit der sog. Patronatsloge."

Die dem Zeitgeist entsprechende reiche barocke Ausstattung der Kirche nach dem Brand besorgt der damalige Patron, der Fürstlich-Sächsische Hofmeister Joachim Wilhelm Marschall von Bieberstein (MvB). Die Familie MvB stammt ursprünglich aus Sachsen. Sie blickt auf eine über 800-jährige Familienhistorie zurück. Darüber gibt die Homepage der Familie ausführlich Auskunft.

Beim näheren Betrachten des Kircheninnern ist man regelrecht überwältigt von dem ebenso einmaligen wie wunderschönen Barockensemble. Vom Inventar sind große Teile bis heute im Originalzustand erhalten. Sehenswert ist der mächtige, aufwändig verzierte barocke Altaraufsatz im Chor, den Ähren, Weinranken und Putten zieren. Er zeigt übereinander Motive des Abend-mahls, der Kreuzigung und der Auferstehung Christi. Zu beiden Seiten des Aufsatzes knien vor Wandpfeilern links die Allegorien Glaube (fides) sowie Misericordia (Mitleid) auf der rechten Seite. Andere Deutungen sprechen von Nächstenliebe beziehungsweise Hochschätzung (caritas). Der sechs Meter hohe und über zwei Meter breite Altaraufsatz in den Farben Blau, Weiß und Gold wurde 1998 restauriert. Davor stehen zwei barocke Kandelaber. Ein Epitaph zeigt Joachim Wilhelm Marschall von Bieberstein und dessen Ehefrau Armgard, darunter ist die Himmelfahrt des Propheten Elia – oder Elija, Elijah oder Elias – auf feurigen Wagen mit feurigen Rössern dargestellt. Eingerahmt ist das ovale Bild von 32 Familienwappen, auf jeder Seite 16. Das Epitaph des Fürstlich Sachsen-Weißenfelsschen Kommandanten und Amtshauptmanns Alexander Haubold Marschall von Bieberstein und seiner Gattin Christiana Sybilla nebst Tochter Magdalena Sybilla rechts neben dem Altar bezeichnen Experten in seiner Darstellung als einmalig in der Region Halle. Umgeben ist die Familie unter kräftig blau „bewölktem" Himmel von allerhand kriegerischem Beiwerk wie Helm, Rüstung, Mörser, Karabiner, Lanzen, Musketen, Fahnen, Spaten und Trommel sowie Allegorien der Zeit – Vergangenheit, Gegenwart, Zukunft – und des Todes – Sense, Gerippe und Sanduhr.

Die Sockelinschrift des Epitaphs lautet: „Der Wohlgeborene Herr Alexander Haubold Marschalch von Bieberstein, Fürstl. Sächss. Weißen-Felßi. Commendante, und Ambtshauptmann der beyden Vesten Plätze Helderung u. Querfurt ward geboren Ao: 1632 den 14. Decemb: starb in Gott sanfft und seelig zum Helderung den 14. Decembr: Ao: 1694. ward den 25. Janu: Ao: 1695. alhier in sein erwehltes Begräbnis beygesetzet. Die Wohlgeborne Christiana Sybilla, Mareschalhin von Bieberstein, gebohrne Stangin auß dem Hauße Croßen, ward gebohren Ao: 1651 den 15. Decembris und verschied sanfft und seelig den 10. December Ao: 1691 zu Helderung, worauf sie kurtz hernach in Bectleben beerdiget wurde." Das Epitaph wurde 1997 restauriert.

Links vor dem Altar befindet sich an der südlichen Chorwand die vieleckige Kanzel mit einem ebenso vieleckigen Baldachin, gegenüber die bleiverglaste abgetrennte Patronatsloge von 1682. Gut erhalten sind zwei mit jeweils einem engmaschigem Holzgitter versehene Chorlogen – ebenfalls von 1682 – mit einem Rankenaufsatz.

Die Empore ist hufeisenförmig gestaltet. Die Jahreszahlen der Erbauung und der jeweiligen Restaurierungen sind noch vorhanden: 1781, 1930, 1972. Die Brüstungsfenster waren ursprünglich mit Szenen aus dem Alten und dem Neuen Testament bemalt. Mehrere Farbschichten sind noch vorhanden. Eine Flachdecke schließt das Kirchenschiff nach oben hin ab.

Auf der Empore steht die 1775 von dem Köthener Orgelbaumeister Johann Christoph Zuberbier erbaute Orgel. Sie gehört zu den ältesten und nach Kennermeinung klangschönsten Landorgeln im historischen Saalkreis. Der mehrfach preisgekrönte, 1963 in Halle geborene Organist und Orgelsachverständige Martin Rost, der in mehreren Ländern Europas und in den USA auftrat, dort auch als Gastdozent tätig war und seit 2000 Lehrbeauftragter für Künstlerisches Orgelspiel an der Hochschule für Musik und Theater (hmt) Rostock ist, schreibt in einem Zeitungsartikel: „Zuberbier war seit 1770 in Halle ansässig. Die Orgel ist sein letztes Werk. Während des Baus stirbt er mit 51 Jahren." Im Bennstedter Kirchenbuch heißt es, er „starb allhier plötzlich und ohne Zweifel an einem Schlag-Fluss". Vermutlich vollendete sein Sohn Johann Friedrich Leberecht (1751-1799) den Bau der Orgel mit veränderter Disposition. Es steht zu lesen, sie sei in „etwas derbem bäuerlichen Barockstil" geschnitzt. 1865 ist sie zum letzten Mal überarbeitet worden.

2009 wird die jüngste Restaurierung abgeschlossen. Thomas Schildt, in Halle ansässiger Orgelbauer und Restaurator, benötigt insgesamt 13 Monate für die Reparatur. Am 31. Oktober 2009, dem Reformationstag, ist es endlich so weit: Die Kirche ist bis auf den letzten Platz gefüllt. Mit einem festlichen Konzert weiht Kirchenmusikdirektor Professor Helmut Gleim aus Halle das wiederhergestellte Instrument ein. „Bachs Präludium und Fuge e-Moll war dabei, Buxtehude und Händel," schreibt die „Mitteldeutsche Zeitung" damals. „Und der einstige Gründungsrektor der Evangelischen Hochschule für Kirchenmusik verlor Ruhe und Frohsinn auch dann nicht, als das Instrument einmal bockte. ‚Die Orgel mag das Stück nicht', kommentierte Gleim und begann noch einmal."

Über eine schmale Holztreppe neben der Orgel gelangt man auf den Zwischenboden und wird von zwei warnenden Schildern begrüßt: „Betreten des Dachbodens auf eigene Gefahr" und „Achtung!!! Es wird Personen mit Platzangst, Herzfehlern, Herzkreislaufproblemen geraten, nicht an einer Turmführung teilzunehmen."

Wer dennoch die nächste Treppe in den Turm hinaufsteigt, kann die beiden hängenden Turmglocken und das über hundert Jahre alte, funktionsfähige Uhrwerk einer Berliner Firma bestaunen. Es schlägt halbstündlich auf die Minute genau. Die ursprünglich zwischen beiden Glocken aufgehängte kleinere Bronzeglocke steht gegenwärtig noch auf dem Boden. Nach notwendigen Vorarbeiten soll sie wieder in das Geläut eingefügt werden. Oberhalb trägt sie die umlaufende Inschrift „Preisset mit mir den Herrn und lasset uns seinen Nahmen erhöhen" sowie am unteren Rand „GOS MICH JOHANN JACOB HOFMAN IN AHLLE." Eine Jahreszahl ist nicht erkennbar.

Ein breiter Gruftanbau mit Freitreppe schließt sich an die Westseite des Gotteshauses an. Durch eine Tür an der Nordseite gelangt man hinein. Die Gruft birgt zwei prunkvolle Sandsteinsarkophage und fünf reich dekorierte barocke Grabplatten der Familie Marschall von Bieberstein sowie sechs Grabsteine der früher in Bennstedt ansässigen Gutsbesitzerfamilie Koch.

Seit geraumer Zeit gilt das Interesse und Engagement des 2003 gegründeten Fördervereins Bennstedter Kirche e. V. vorrangig der Restaurierung der Kanzel und des Baldachins sowie der Wiederherstellung des Epitaphs von Kirchenpatron Joachim Wilhelm Marschall von Bieberstein. Zudem soll den insgesamt 18 Särgen, den Grabplatten und Sarkophagen durch fachgerechte Sanierung der Gruft mehr Anziehungskraft verliehen werden.

„Das Leitmotiv unseres Vereins ist es, die Kirche in Bennstedt als historisch und kulturell bedeutendes Bauwerk zu erhalten und zu restaurieren", ist auf der Homepage www. bennstedter-kirche.de zu lesen; und weiter: „Es ist noch viel zu tun, damit die sakralen Werke in der Kirche auch weiterhin verlässlich Trost im steten Wandel der Zeit auf den Betrachter ausüben können."

Auf der Haben-Seite des rührigen Vereins stehen inzwischen neben der Dachstuhlsanierung eine Sitzheizung und helle Farbgebung für das Gestühl, die Trockenlegung der Außenwände, die erfolgreiche Schimmelbekämpfung sowie neue Bleiglasfenster und ein kompletter Innenanstrich des Schiffes. Die Liste der freiwilligen Helfer und privaten wie kommunalen Spender ist mittlerweile erfreulich lang: neben Vereinsmitgliedern sind viele Freiwillige darunter, Neu-Bennstedter, die Evangelische Kirche in Mitteldeutschland, Nachfahren der Gutsbesitzer-Familie Koch, die August-Oetker-Stiftung, die Deutsche Stiftung Denkmalschutz, die Lotto-Toto GmbH Sachsen-Anhalt, der Landkreis Saalekreis …

Beuchlitz

Zugegeben: die Zuordnung ist nicht ganz einfach. Beuchlitz ist bereits 1323 als Picklitz erwähnt. Die eigenständige Gemeinde wird 1939 ein Ortsteil von Holleben. Holleben wiederum wird 2005 in die Gemeinde Teutschenthal eingemeindet.

Erwähnenswert, ja sehenswert im Hollebener Ortsteil Beuchlitz sind neben der Kirche die sogenannte Muschelgrotte und das „Kartoffeldenkmal" – allesamt an der Ernst-Thälmann-Straße gelegen. Über die Grotte und das Denkmal wird später zu lesen sein.

Der Ursprung der Beuchlitzer Kirche liegt „im Dunkel des Mittelalters". Entsprechend sind auch die Daten über ihre Entstehung abweichend. Der einschiffige Bruchsteinbau soll etwa „aus der Mitte des 15. Jahrhunderts" stammen. An anderer Stelle heißt es exakt aufs Jahr genau, allerdings im Konjunktiv: „die heutige Gestalt scheint aus dem Jahre 1456 zu stammen". In der Sakramentsnische wiederum steht die Jahreszahl 1461. Schließlich datiert das Denkmalverzeichnis Sachsen-Anhalt Saalkreis den „Saalbau vom Anfang des 16. Jahrhunderts". Der das Ortsbild prägende hohe quadratische Westturm gegenüber der Sparkasse an der durchgehenden Hauptstraße ist weithin sichtbar. Oberhalb geht er in ein gleichmäßiges Achteck über. Mit Zwiebelhaube und Laterne ist er in der ersten Hälfte des 18. Jahrhunderts neu gebaut.

Die Beuchlitzer ist wesentlich schlichter als die Hollebener Kirche. Trotzdem wird sie als ein bemerkenswertes Kulturdenkmal bezeichnet. Gottesdienste gibt es jedoch seit Jahren nicht mehr. Das wird allgemein bedauert. Allerdings kann die relativ kleine Gemeinde in Holleben zwei Kirchen nicht unterhalten. Und so wird das Beuchlitzer Gotteshaus zur Nutzung an die katholische Gemeinde vermietet. Über Jahre treffen sich Katholiken in der

Beuchlitzer Kirche zu Andachten. Diese finden seit geraumer Zeit keine Fortsetzung mehr. Der Vertrag läuft 2005 aus.

Einmal im Jahr – am Pfingstmontag – laden die katholischen und evangelischen Christen seitdem zur gemeinsamen Pfingstwallfahrt ein. Treffpunkt ist die Kirche Beuchlitz. Von dort wird zum Dorfplatz gepilgert. In der Kirche von Holleben findet dann eine ökumenische Andacht statt. Im Anschluss wird zum gemütlichen Zusammensein mit Gesprächen und einem gemeinsamen Essen eingeladen.

Insgesamt ist die Kirche in einem guten Zustand. Im Kirchenschiff stehen zu beiden Seiten Bänke. Darüber befindet sich unter der verputzten Flachdecke die doppeletagige Hufeisenempore. Auf der linken Emporenseite tragen Eichentafeln insgesamt 24 Namen der im Ersten Weltkrieg und von drei im Deutsch-Französischen Krieg 1870/71 Gefallenen aus dem Ort. Geschnitzt sind die Tafeln von Tischlermeister Gierth, der auch den hölzernen Kronleuchter in der Mitte des Schiffes gefertigt hat. Auf dem schlichten Barockaltar sind in drei Etagen übereinander Abendmahl, Kreuzigung und Auferstehung als Hochrelief dargestellt. „Anno 1613", ist auf der Rückseite zu lesen, „hat Hans Schröder, Bildhauer in Kirchscheidungen diesen Altar geschnitzt und alsobalde von Christofer Erhard, der von Reinsdorf, gemalet worden". D. W. Wagner aus Bad Lauchstädt hat ihn 1860 renoviert.

Im Altarraum befinden sich drei bemerkenswerte Bildhauerarbeiten. Zwei barocke Wandepitaphe im Chor würdigen Christoph von Sack (gest. 1731) und Johann Paul Stecher (gest. 1737). Der barocke, kelchförmige Taufstein aus dem frühen 17. Jahrhundert im Altarraum trägt die Inschrift „Gott zu ehr hab die Edle K. ud. Balthasar ud. Jacob Heinrich Sack dies werck setze laß". Er ist reich verziert mit einem Putten- und Wappendekor. Bildhauer Schröder hat auch die Barockkanzel geschaffen, die von einem holzgeschnitzten Erzengel Michael getragen wird. Die biblischen Motive Geburt, Kreuzigung, Auferstehung, Christi Himmelfahrt, die Ausgießung des Heiligen Geistes und das Jüngste Gericht schmücken die Kanzelbrüstung. Auf der achtfach offenen Kanzelkrone steht der Heiland als guter Hirte mit dem Lamm auf den Schultern.

Ein Anbau an der Nordseite ist die Gruft der Familie des Kriegs- und Domänenrates Johann Paul Stecher. In einem zweiten Anbau gelangt man über eine polygone Wendeltreppe hinauf zum Herrschaftsstuhl. Gegenüber befindet sich rechts vor dem Altar die Patronatsloge des Gutsbesitzers Baltasar Sack.

Der Orgelprospekt wird im Anfang des 18. Jahrhunderts datiert. Die Rühlmann-Orgel stammt aus dem Jahr 1933. Sie ist spielbar.

*

Die „Muschelgrotte" gehört zu einer kleinen barocken Schloss- und Parkanlage und befindet sich auf der Rückseite des „Schlösschens". Ihre Entstehungsgeschichte ist nicht eindeutig belegt. Es wird vermutet, dass sie wohl zwischen 1730 und 1750 von David Schatz (1667 oder 1668-1750) errichtet wird, einem der großen sächsischen Architekten und Landschaftsgestalter des Barocks. Allerdings erwähnen unterschiedliche Quellen verschiedene Urheber der Grotte. Einerseits wird Kriegs- und Domänenrat Johann Paul Stecher genannt, der den Besitz nach dem Erlöschen des Stammes der Familie Sack erwirbt. Anderseits heißt es bei der freien Enzyklopädie Wikipedia, das Muschelzimmer soll „im Auftrag des Majors Hans Christoph von Billerbeck (1714-1790). Adjutant des Preußenkönigs Friedrich II. in der Mitte des 18. Jahrhunderts errichtet worden sein". Die Muschelgrotte ist dem Neuen Palais in Potsdam nachgebildet. Billerbeck war es auch, der vom König beauftragt war, eine Tochter Stechers zu ehelichen. Da die preußische Staatskasse „aufs äußerste angespannt" war, sollte das Vermögen der Stechers durch die Heirat in Preußen bleiben, wenigstens zum Teil. Die Hochzeit fand statt. Rudolfine Karoline Wilhelmine von Stecher (1739-1801) gebar ihrem Ehemann Christoph von Billerbeck einen Sohn namens Christoph Friedrich. Im Taufregister der Kirche von Beuchlitz steht 1757 unter den Taufpaten an erster Stelle „Der just regierende König von Preußen Friedericus".

Die Muschelgrotte gerät zunehmend in Vergessenheit. Nach dem Zweiten Weltkrieg findet sie kaum Beachtung. Als Flüchtlinge im Schlösschen untergebracht werden, dient der unscheinbar wirkende Raum sogar als Lager und Kohlenkeller. Erst 2005 beginnen Mitglieder des Vereins der Freunde der Bau- und Kunstdenkmale Sachsen-Anhalt e. V. mit der Beräumung, Säuberung und Wiederherstellung der Grotte. Sie ist an den Wänden und an der Decke mit Weinberg- und Jacobsmuscheln, Schneckengehäusen, Stuckmarmor, Schlacken und regionalen Mineralien wie Quarz, Schwerspat und Kupferkies übersät. Erstmals öffentlich zugänglich ist die Beuchlitzer Muschelgrotte als einmaliges Kleinod mitteldeutscher Kulturgeschichte am 9. September 2007 zum Tag des offenen Denkmals.

*

Das „Kartoffeldenkmal", einen Sandsteinobelisk, stiftet Oberst von Billerbeck zu Beuchlitz in Erinnerung an den sogenannten Kartoffelkrieg zwischen Preußen und Österreich 1778 und 1779. Am 3. Juli 1778 erklärt Preußen nach vorausgegangenen diplomatischen Verhandlungen Österreich den Krieg. König Friedrich II. von Preußen lässt seine Truppen daraufhin am 5. Juli 1778 in Böhmen einmarschieren, womit der Bayerische Erbfolgekrieg beginnt. Allerdings hat man auf beiden Seiten mit großen logistischen Problemen zu kämpfen. Nennenswerte militärische Auseinandersetzungen werden vermieden. Die miserable Versorgungslage lässt die Soldaten sich hauptsächlich von Kartoffeln ernähren. Die Preußen bezeichnen diesen Konflikt deshalb spöttisch als „Kartoffelkrieg". In Österreich wird der Krieg „Zwetschgenrummel" genannt. Zu einem „Schlachtengetümmel" kommt es nicht, weil sich Maria Theresia während der „dürftigen militärischen Aktionen" an den König von Preußen wendet mit der Bitte, von einer Schlacht abzusehen. Der Preußenkönig sagt zu. So geht dieser „Krieg" als „Kampf ohne militärische Aktionen" in die Geschichte ein. Ein für alle kriegslüsternen Herrscher nachahmenswertes Novum. Am 13. Mai 1779 wird der Krieg durch den Frieden von Teschen beendet.

Braschwitz

Am 6. Dezember kommt alljährlich der Nikolaus. Das weiß doch jedes Kind, werden Sie jetzt sagen. Mag sein. Aber weiter? Wie geht es weiter? Was wissen wir noch?

Um die Person des Nikolaus ranken sich zahlreiche Legenden. „Die verschlungenen Stränge der legendarischen Überlieferung des heiligen Nikolaus", schreibt der Kölner Prof. Dr. theol. Manfred Becker-Huberti, „sind so außerordentlich kompliziert mit einander verknüpft, dass sie nur von geschulten Experten entwirrt werden können." Also überlassen wir diese „Entwirrung" getrost den Experten. Jedenfalls ist Nikolaus von Myra nach übereinstimmenden Überlieferungen zwischen 270 und 286 in Patara geboren, einer Stadt in der kleinasiatischen Region Lykien. Dieser Landstrich zählte damals zum Römischen, später zum Byzantinischen Reich. Vom Bischof von Myra, seinem Onkel, sei Nikolaus 19-jährig zum Priester geweiht worden. Während der Christenverfolgung soll er 310 gefangen genommen und gefoltert worden sein. Als Todesjahr für den Schutzpatron der Kinder, Jungfrauen, Kaufleute und Seefahrer ist das Jahr 350 angegeben. Andere Quellen nennen die Jahre 326, 343, 345, 351 und 365. Allerdings, und hier seien nun doch die Experten bemüht, sind alle Datierungsversuche und Datumsangaben im Zusammenhang mit Nikolaus von Myra „reine Spekulation".

In zahlreichen christlichen Glaubensgemeinschaften wird Nikolaus' Gedenktag – alljährlich der 6. Dezember – als kirchlicher Feiertag begangen. In verschiedenen Regionen Deutschlands beziehungsweise auch in den deutschsprachigen Gebieten Europas hat er die kuriosesten Namen erhalten: Sünnerklas, Pelzbock, Schimmelreiter, Schnabuck, Helije Mann, Boozenickel, Schmutzli, Zamper, Leutfresser, Krampus, Ruprecht …

Wegen der Seefahrer ist es naheliegend, dass deren Schutzpatron Nikolaus die etwa am Ende des 11. und zu Beginn des 12. Jahrhunderts von flämischen Siedlern (wieder-)erbaute Kirche in Braschwitz gewidmet ist. St. Nikolaus ist eine kleine, aus Porphyrbruchsteinen erbaute Dorfkirche, die auf einem gepflegten typischen Dorffriedhof steht. 15 barocke Grabsteine, deren Inschrift nur noch stellenweise zu erahnen ist, lehnen nebeneinander an allen vier Seiten der Außenwand. Aufzeichnungen deuten auf deren Entstehung am Ende des 18. Jahrhunderts hin. Eine noch recht gut erhaltene Grabsteinstele auf dem Friedhofsgelände erinnert an den Anspanner Brückner (1784-1862) und dessen Ehefrau M. Henriette (1804-1890) und untermauert die These, dass hier schon seit „Menschengedenken" eine christliche Begräbnisstätte existiert.

Braschwitz – der Name ist herzuleiten aus dem slawischen Pravesovici, das übersetzt Wahrheitsort oder Rechtsort bedeutet. Darauf weisen die bis in die Jetztzeit erhaltenen Bauernsteine hin, eine alte Thingstätte, die schon vor den Kelten den Gerichtsplatz markierten. Insgesamt sieben vorgeschichtliche Fundstätten sind registriert. Die erste urkundliche Erwähnung im Jahre 1144 nennt den Ort Bresowice, sinngemäß Birkenort. Die Gemeinde ist bereits in der Mitte des 18. Jahrhunderts aus den einst getrennt existierenden Dorfteilen Kleinbraschwitz und Großbraschwitz entstanden. Jedenfalls nennt Dreyhaupt zu dieser Zeit bereits den Ort Braschwitz als ein Dorf. Der kleinere Teil, also Kleinbraschwitz, ist einst eine wendische Siedlung. Großbraschwitz wird als deutsche „Gegengründung" aufgefasst. Der Begriff Wenden ist als relativ unpräziser Sammelbegriff für die Slawen zu werten. Daraus leitet sich die Bezeichnung Wendland ab. Sein Kern ist das Hannoversche Wendland. Der Name kam erst um 1700 auf, als ein Pfarrer in Wustrow über die Bräuche und Sitten der Bewohner dieses Landstrichs berichtete. Die slawische Sprache der Wendländer, das Drawänopolabische, ist bereits seit 1756 ausgestorben. 1950 werden Braschwitz und Plößnitz zu einer Gemeinde zusammengeschlossen. Plößnitz wird 1271 erstmals urkundlich erwähnt. Alle drei Ortsteile lassen eine vermutlich in der Slawenzeit entstandene Rundlingsform erkennen.

Die nahezu „grüne" Kirche St. Nikolai ist über die Jahre größtenteils dicht mit Efeu bewachsen. Vor dem Eingang zur Kirche grüßt
ebenerdig eine Glocke mit dem umlaufenden Text „Kirchenäl-
tester Louis Brandt und Otto Brandt und Frau Ida geb. Thebus";
darüber „DEM HERRN ZUR EHRE". Der regelrecht gedrungen
wirkende kleine Kirchturm steht im Westen. An seiner Außenfassade hat der „Baum der Ewigkeit" sichtbare Schäden verursacht.
Zudem haben Regen und Frost dem Mauerwerk arg zugesetzt.
Dachstuhl, Dachkästen und Schall-Luken im Glockenbereich
sind ebenfalls beschädigt. Die Bruchsteinmauern weisen Risse auf.
Von den äußeren Natursteinen bröckeln Teile ab. Es ist höchste
Zeit zur Sanierung!

Im Sommer 2011 ist es endlich soweit. Dank gemeinsamer An-
strengungen und großzügiger finanzieller Unterstützung wird die
Reparatur in Angriff genommen. Gemeindekirchenrat, das Kreis-
kirchenamt, die Lotto-Toto GmbH Sachsen-Anhalt, der Landkreis
Saalekreis, das Amt für Landwirtschaft und Flurneuordnung
sowie die ortsansässige Malerfirma Albrecht sitzen sprichwörtlich
in einem Boot. „Zum Denkmalstag am 11. September, so ist der
Plan", schreibt Pfarrer Stefan Domke am 28. Juni 2011, „soll
unsere Kirche im neuen Außen-Gewand erstrahlen." – Der Termin
wird eingehalten! Interessierte Besucher können sich an diesem
zweiten Sonntag im Spätsommer vom Ende der Bauarbeiten am
Turm augenscheinlich überzeugen. Auf die dringend nötigen
Fördermittel vom Landkreis Saalekreis und dem Europäischen
Landwirtschaftsfonds für die Entwicklung des ländlichen Raumes
für die Sanierung des Daches und der Außenfassade verweisen zwei
kleine Schilder im Kircheninneren. Bei meinem Besuch warten
sie noch darauf, an geeigneter Stelle angebracht zu werden …

„Zum einen", schreibt Manfred Thon, „erkennt man eine große
mit den üblichen Ritzungen versehene Sandsteinplatte (ebenerdig
wenige Schritte links neben dem Eingang, d. A.), die durchaus
von einem Altar der eingewanderten christlichen Goten stammen
könnte. Und zum andern ein darüber im Kreuzverband einge-
bauter Stein (in etwa zwei Meter Höhe, d. A.) mit der eindeutig

römischen Ornamentik der Akanthus-Distel. Bezieht man sich auf römische Quellen, dann wird denkbar, daß der römische Feldherr Drusus am 09. 09. 09 vor Christus an den Folgen einer bei Torgau ergangenen Verfluchung, beim Rückmarsch auf der Ochsenstraße, vielleicht in der Nähe von Braschwitz, verstarb, woraufhin sein Bruder Tiberius am Platz des Todes einen Augustusaltar errichtete. Vielleicht ist der Stein ein Zeuge des Geschehens? Vielleicht aber gibt es auch noch ganz andere Deutungen."

Die einzige Eingangstür ist vergleichsweise hoch und schmal. Das Oberlicht aus Bleiglas ist neu. Ein Messingschild links neben der Tür weist mit einem vierblättrigem Kleeblatt – welch ein Glück(!) – auf den Förderer LOTTO Sachsen-Anhalt hin. Vom Turmraum gelangt man durch zwei weitere Türen in das relativ kurze Schiff. Zwischen beiden Türen unter der Orgelempore existiert seit etwa 50 Jahren eine beheizbare sogenannte Winterkirche, die auch als Versammlungsraum dient. Durch eine Unterbankheizung wird das Gotteshaus schließlich 1995 beheizbar. Auf der Empore steht eine Wilhelm-Rühlmann-Orgel. Sie stammt aus dem Jahre 1852. Ihre Generalinstandsetzung erfährt sie zu ihrem 150. Geburtstag Ende 2002.

Ein hartes Schicksal ist den Kirchenglocken beschieden. Die ältesten werden am 8. Mai 1642 mit der Kirche ein Opfer des Dreißigjährigen Krieges. Im Ersten Weltkrieg werden die Nachfolger eingeschmolzen. An deren Nachfolgern wiederum – nahezu hundertjährigen gusseisernen Glocken – hat der Zahn der Zeit inzwischen so sehr genagt, dass sie dringend ersetzt werden müssen. Inzwischen ist der Glockenstuhl saniert. Eine automatische Läuteanlage ist installiert. Die erste neue Bronzeglocke ist aufgehängt und ruft regelmäßig zum Gottesdienst …

Das Schiff wird im 18. und 19. Jahrhundert verändert und schließt im Osten ohne Apsis ab. Das Gestühl im Kircheninnern wird Ende des 19. Jahrhunderts eingebaut. Der gepflasterte Mittelgang zwischen den nummerierten Bänken führt zu einem relativ einfachen Tischaltar. Darüber befindet sich in einer Art Predella

ein kleineres querformatiges Gemälde „Christus und die (zwei-felnden) Emmausjünger", darüber wiederum schließlich etwa ein Meter groß „Der Auferstandene". Beide Bilder sollen von einem früher hier tätig gewesenen Pastor oder Kantor gemalt worden sein. Rechts neben dem Altar steht eine ebenerdige, lediglich durch zwei Stufen erhöhte hölzerne Kanzel. Links in der Wand befindet sich, wie in den romanischen Kirchen häufig anzutreffen, eine jetzt unverschlossene Nische, ein Wandtabernakel, in dem einst die Hostien verwahrt wurden. Es soll aus dem 14. Jahrhundert stammen. Scharniere deuten auf die einstmals vorhandene Tür hin, die den Tabernakel verschloss. Bemerkenswert ist die schöne, mit farbig aufeinander abgestimmten Ornament-Bändern versehene, inzwischen ebenfalls sanierte Holzdecke.

„Wir hoffen, dass nun auch die Außensanierung des Glocken-turmes wohl gelingt", schreibt Manfred Thon vor einigen Jahren. Seine Hoffnung ist der Realität gewichen. Die Kirche bietet dank der Unterstützung zahlreicher Helfer und großzügiger Spender äußerlich einen sanierten Anblick. Und drinnen hängt bei meinem Besuch vor Jahresfrist über allem noch immer der Geruch von Firnis und frischer Farbe. Restarbeiten werden bald erledigt sein. Dessen kann man gewiss sein …

Fienstedt

„Ach ist es nicht schade / der herrliche Garten / Aus welchem man könte viel Früchte erwarten / Voll köstlicher Bäume und Kräuter gepflantzt / Mit künstlichen Wällen und Mauern umschantzt / Mit eichenen Thüren und Riegeln verwahret / Selbwächsende Zäume nicht wurden gesparet / Das irdische Paradieß lustiger Pracht / Das haben die Böcke zu nichte gemacht. / Die stinkenden Böcke / die schädlichen Gäste / Die sprungen hinüber / zubrachen die Aeste / Zubissen die Zweige / zurissen die Wand …" – diese Zeilen sind der Anfang des 92-zeiligen(!) Gedichts „Klage über die tyrannischen Ziegenböcke". Geschrieben hat es die in Fienstedt geborene Dichterin Elisabeth Susanna Zeidler (1657-1706). Aus ihrer Feder stammt auch ein „Jungferlicher Zeitvertreiber". Sie zählt neben ihrem Bruder, dem Theologen, satirischen Schriftsteller und Dichter Johann Gottfried Zeidler (1655-1711) sowie dem Literaturhistoriker Karl Heinrich Jördens (1757-1835), der in Halle Theologie und Philologie studiert hat, zu den Persönlichkeiten aus Fienstedt. Sein „Lexikon deutscher Dichter und Prosaisten" wird besonders in Bezug auf die bibliographischen Notizen geschätzt.

Fienstedt – auch Feinstädt oder Finnstädt – gehört mit nicht einmal 250 Einwohnern zu den kleinen Gemeinden im historischen Saalkreis. Ein spätbronzezeitlicher Hortfund von mehr als 50 Gegenständen aus Bronze am Nordrand von Fienstedt belegt im Jahre 1986, dass die Besiedlungsgeschichte in der unmittelbaren Region Jahrtausende zurückreicht. Die erstmalige urkundliche Erwähnung geht in das Jahr 1222 zurück. Damals hieß der Ort Finegestad, 66 Jahre später finden wir Vinstede, der Diözese Halberstadt zugehörig. Das ans Plattdeutsche erinnernde Vinstede heißt hochdeutsch so viel wie Weinstätte und verweist auf den Weinanbau an den Saalehängen. Bezeichnungen in der Fienstedter Flur wie „Weinbergsweg", „Weinbergsschlucht" und „Weinbergsfeld" weisen bis heute darauf hin. Selbst das

Ortswappen zieren zwei Weintrauben. Neben Wein zählen Ackerbau und Viehzucht sowie Fischfang zu den Haupterwerbsquellen der Bewohner. Am Dorfplatz oder Anger steht ein gewachsenes dörfliches Ensemble mit Gebäuden aus dem 18. bis 20. Jahrhundert, die sich um einen Platz gruppieren, der von Pappeln umsäumt ist und in dessen Mitte ein kleiner Teich liegt. Neben einfachen Bauernhäusern stehen die beeindruckenden einstigen Gutshöfe mit den Herrenhäusern, mit Stallungen und Scheunen der Familien Wentzel und Boltze. Eine etwa 300 Jahre alte Winterlinde steht seit 1937 unter Naturschutz. Ihr Stammunfang beträgt mehr als fünf Meter.

Bekannt wird Fienstedt als eines der sogenannten „Himmelfahrtsdörfer" oder „Bierdörfer". In diesem Dörfern gab es – und gibt es wieder – am Himmelfahrtstag eine Kirmes, Freibier, Volksbelustigungen und Tanz bis in den Morgen. Über den Ursprung dieser Sitte erzählt man sich mehrere Varianten. Zwei hat die bekannte Schriftstellerin Anneliese Probst (1926-2011) aufgeschrieben: „Als die heilige Elisabeth von Thüringen einmal mit großem Gefolge durch das Mansfelder Land zog, kam sie am Vorabend des Himmelfahrtstages in die Nähe von Fienstedt. Man hatte eigentlich auf einem der Mansfelder Schlösser nächtigen wollen, aber Elisabeth war müde und schickte Boten aus, die in den Dörfern um Quartier bitten sollten … Am Dorfeingang wurde sie von den Bauern erwartet, die ihr Brot und Salz reichten und sie freundlich willkommen hießen … Das erfüllte die Fürstin mit solcher Freude, dass sie den Einwohnern fortan den Zehnten erließ und ihnen gestattete, ohne Zinsabgabe Bier zu brauen. Wiederum aus Freude über dieses fürstliche Geschenk feierten die Bauern am folgenden Himmelfahrtstag ein Fest, das einige Tage währte und das von nun an in jedem Jahr am Himmelfahrtstag begangen wurde …"

Eine andere Version soll wesentlich bekannter sein: „Als die heilige Elisabeth in Ungnade gefallen war, floh sie mit ihrer Amme Gertrud aus der Wartburg. Beide Frauen wanderten bettelnd durch das Land und kamen nach langen Wochen ins Mansfeldische. Hier rasteten sie zerschlagen und müde auf dem Hügel oberhalb des Dorfes Salzmünde …" – doch halt; hier geht es um Fienstedt. Wer die Salzmünder Sagen-Variante lesen möchte, der schlage Seite 137 auf …

Über den Zustand der Fienstedter Kirche schreibt Anneliese Probst 1995: „Die Barockkirche muß für diese kleine Gemeinde im Grunde immer zu groß gewesen sein. In der Chronik, die von einigen Pfarrern im vorigen Jahrhundert geführt wurde, liest man, welchen Kampf man gegen die aufsteigende Nässe führen mußte. Jetzt ist jeder Kampf sinnlos geworden. Im Gestühl sitzt der Holzwurm, die Fenster sind zerschlagen. Nur die Orgel ist noch einigermaßen spielbar, eine gute Orgel, um die es uns leid tut. Wir wissen nicht, wie wir wenigstens sie vor der Zerstörung retten können … Und so tropft der Regen weiterhin durch das schadhafte Dach auf die Orgelpfeifen und nimmt ihnen außer der Festigkeit auch die Stimmung und der Verfall setzt sich fort."

Hier irrt Anneliese Probst. Zum Glück. Der Kampf ist nicht sinnlos geworden. Die Kirche wird als „ein wunderschönes Bauwerk der ländlichen Barockkunst" bezeichnet. Unter den erhaltenen Dorfkirchen des historischen Saalkreises mit barocker Ausstattung sucht man ihresgleichen. „Der Innenraum wird wesentlich durch eine im Norden und Süden zweigeschossige und im Westen vorschwingende Hufeisenempore auf toskanischen Säulen, dem Kanzelaltar, einem Taufgestell, dem vollständig erhaltenen Bankgestühl und ein den Raum nach oben abschlie-ßendes stuckiertes Muldengewölbe geprägt", heißt es in einem Brief des Instituts für Denkmalpflege vom 15. August 1995. „Mit dem Gewölbe korrespondierten die Brüstungsfelder der Empore wirkungsvoll." In dem Schreiben wird eine Förderung des Baudenkmals aus öffentlichen Mitteln befürwortet.

Der Kirchturm ist 1991 mit dem echten Hausschwamm befallen, die Konstruktion weist starke Schäden auf. Durch Erosion gibt es Schäden auch im Mauerwerk, Fugenauswaschungen, Riss-bildungen sowie Gesteinsab- und -ausplatzungen. Es besteht

Einsturzgefahr. Der Turmhelm droht herabzustürzen. 1992 beginnt die Restaurierung. Dabei stellt man fest, dass die Schäden umfangreicher sind als zuvor erkennbar. Zunächst werden bestandssichernde Arbeiten ausgeführt, um den Verfall aufzuhalten. Danach wird schrittweise, je nach Finanzlage, weiter restauriert, repariert und renoviert.

Am 7. August 1997 wird die sanierte Turmkugel aufgesetzt. 250 Personen sind anwesend. Mancher schämt sich nicht seiner Freudentränen. 1998 findet der erste Heiligabend-Gottesdienst mit Krippenspiel statt. In einer Schrift heißt es dazu: „Das ‚ganze' Dorf kam." Bis 1999 wird die Kirche umfangreich saniert. Am 30. Mai 2000 wird St. Stephanus mit einem Festgottesdienst wieder eingeweiht. Welche große Bedeutung diese Daten für die Gemeinde haben, lässt sich allein daran ermessen, dass das Gotteshaus fast drei Jahrzehnte nicht genutzt wurde und die letzte Hochzeit 1971 stattfinden konnte. „Der letzte Gottesdienst", schreibt Pfarrer Christof Seidler 1983, „wurde in der Kirche am Erntedankfest 1974 gehalten."

St. Stephanus ist in den Denkmalbereich „Dorfanger" integriert. Der einschiffige Bruchsteinbau mit dreiseitigem Ostabschluss und eingezogenem quadratischen Westturm, der eine barocke Schweifhaube trägt, ist um 1500 erbaut. 1662/63 wird der Bau fast vollständig erneuert. 1702 erhöht man den Turm und überführt ihn in ein Achteck. Dort befindet sich der Glockenstuhl mit drei Glocken. Eine Inschrift auf der größten Glocke erwähnt den heiligen Urban, den Schutzpatron des Weinbaus. Nordöstlich des Dorfes liegt das Weinbergsfeld. Hier an den Talhängen werden sich die Fienstedter Weinberge befunden haben. Allerdings erwähnt der Magdeburgische Topograph von 1780 die Weinberge nicht mehr. In alle vier Himmelrichtungen zeigen im Turm rundbogige Schallöffnungen. Auf der Südwest- und der Nordwestseite befinden sich Zifferblätter der Turmuhr. Den Abschluss des Turmes bildet ein schiefergedeckter Helm mit Laterne auf acht hölzernen Stielen. Ein erneuter Umbau und eine gleichzeitige Erweiterung erfolgen in den Jahren 1730 bis 1732. Ein weiterer

Umbau ist 1871 erwähnt. Schließlich wird die Kirche, wie über dem Eingangsportal im Kircheninneren zu lesen steht, 1914 vollständig renoviert. Der Friedhof ist im 19. Jahrhundert angelegt. Hier stehen und liegen Reste mehrerer barocker Grabsteine.

Die bereits erwähnte barocke Innenausstattung ist erfreulich geschlossen erhalten. Sie bietet außerordentlich schöne und qualitativ beachtliche Stuckarbeiten in den Brüstungsfeldern der Empore. Die stuckierte Brüstung in wechselnden Mustern und figürlichen Motiven stammt wohl aus der Zeit des erweiterten Umbaus um 1730. Bemerkenswert sind die vollständig erhaltenen vier ovalen stuckumkränzten Deckengemälde. Der Kanzelaltar aus Holz entstand um 1740. Zwischen korinthischen Säulen befindet sich die geschweifte Kanzel, Putten und weibliche Allegorien zieren den Aufsatz. Vermutlich stammt das gut erhaltene hölzerne Taufgestell mit Verzierungen, sogenannten Akanthusvoluten, und Engelköpfchen am Deckel aus derselben Zeit. Das vollständig und gut erhaltene Gestühl aus dem 18. Jahrhundert ist mit Namensschildern versehen; immerhin 15 Mal ist beispielsweise der Name Boltze zu lesen.

Die Orgel hat August Ferdinand Wäldner (1817-1905) gebaut. Die Sanierung dieser Orgel ist das nächste große Ziel der Fienstedter.

2010 gegründet, hat es sich der junge „Pappelring – Verein für lebendige Ortsgeschichte Fienstedt e. V." zur Aufgabe gemacht, die Geschichte Fienstedts aufzuarbeiten. Pappelring – der Name steht für die bis heute ringförmig auf dem Fienstedter Dorfanger stehenden Pappeln. Die jetzigen Exemplare werden 1965 ausgepflanzt. Im Internet können sich Interessenten unter der Adresse www.pappelring.de weitergehend informieren.

Eine Urkunde vom 15. April 1982 bestätigt dem Evangelischen Gemeindekirchenrat Fienstedt: „Gemäß § 9 Abs. 3 des Gesetzes zur Erhaltung der Denkmale in der Deutschen Demokratischen Republik – Denkmalpflegegesetz – vom 19. Juni 1975 wird die Kirche, 15. Jahrh., Um- und Ausbau 1662/63 und um 1730

Fienstedt zum Denkmal erklärt ... Durch Beschluss des Rates des Kreises Saalkreis vom 7. 5. 1980 wurde das Denkmal auf die Kreisdenkmalliste aufgenommen." – Ob man ernsthaft und ehrlich eine Renovierung in Betracht gezogen hat oder lediglich den Pfarrer und die Kirchengemeinde beruhigen wollte, sei dahingestellt. Genützt hat das Stück Papier offenbar wenig. Denn am 1. Februar 1993 schreibt Pfarrer Christof Seidler, „zuzeiten der DDR wurde durch die Kirche verschiedene Male versucht, an Geld und vor allem an Materialzuweisungen heranzukommen, um vor allem den Turm zu reparieren (Verkehrsgefährdung) – aber alles vergeblich!"

Gorsleben

Irgendwann vor einigen Jahren – niemand hat das Datum exakt parat – stürzt der metallene Adler bei heftigem Sturm von der Kirchturmspitze. Da ihn niemand sofort beiseite schafft, greifen junge Menschen aus der Gemeinde zu und „bergen" das Flügeltier. Nun mag man darüber rechten oder streiten, was eventuell damit geschehen wäre, hätten die Einwohner nicht die Initiative ergriffen. Auf jeden Fall ist die Bergung aus heutiger Sicht ein Segen gewesen. Es hätte ja auch ein Schrotthändler Interesse bekunden können. Jedenfalls blickt der Adler seit der Restaurierung des Turmdaches wieder stolz auf Gorsleben und das weite Land. Ein Makel allerdings bleibt: angeblich knarrt und quietscht das stolze Tier bei Südwestwind unüberhörbar. Eher scherzhaft heißt es dann: „Jetzt singt er!" Wer soll jedoch hinaufkraxeln mit der Ölkanne oder Fettpresse? ...

Die „Dorfkirche mit dreiseitigem Ostabschluss und haubenbekröntem Westturm" wird in den ersten Jahren des 16. Jahrhunderts erbaut. Im Sommer ist das Gotteshaus, obwohl es auf einem flachen Hügel steht, nicht auf den ersten Blick sichtbar. St. Marien versteckt sich auf dem Friedhof hinter dichtbelaubten, hohen Bäumen.

Bevor man die Kirche durch das Sandsteinportal betritt, fällt deutlich sichtbar über dem Eingang die Jahreszahl 1613 ins Auge. Sie wird noch öfter eine Rolle spielen. Zunächst steht man unter der L-förmigen Orgel-Empore und wendet sich nach rechts hin zum gut erhaltenen, relativ bescheidenen Kanzelaltar. Er stammt aus der ersten Hälfte des 18. Jahrhunderts. Im Verzeichnis der Kulturdenkmale des Landes Sachsen-Anhalt ist von einer „provinziellen Arbeit" die Rede. Die achteckige Sandsteintaufe steht einst direkt vor dem Altar. Jetzt befindet sie sich links daneben. Sie trägt die umlaufende Inschrift: „LASSET DIE KINDLEIN ZU MIR KOMMEN UND WEHRD IHNEN NICHT DEN SOLCHER

IST DAS REICH GOTTES." Geschaffen hat den Taufstein Hans Wolff im Jahr 1613. Restauriert wird er 1909. Darauf weist der Text auf der Abdeckung hin: „Erneuert 1909. Wer da glaubet und getauft wird der wird selig werden Marc. 16 16."

Die Orgel gegenüber auf der Orgel-Empore ist leider nur noch als leere Hülle vorhanden. Ein kleines Schild weist auf ihre Herkunft hin: „Orgelbau Anstalt Ernst Röver Hausneindorf bei Quedlinburg." Eingeweiht wird diese Orgel am ersten Weihnachtsfeiertag 1912. Sie kostet 3000 Mark.

Wegen des fortschreitenden Verfalls und des defekten Daches findet in der Kirche zu Gorsleben ab 1974 kein Gottesdienst mehr statt.

„Die Kirche in Gorsleben", schreibt Ortschronistin Rodelinde Kämpfer zwei Jahre später an das Kirchliche Bauamt Magdeburg, „ist von der Gemeinde aufgegeben worden. Da der darum befindliche Friedhof noch benutzt wird, schlage ich folgende Maßnahmen vor: 1. Da das Kirchendach droht einzustürzen, muß es in Kürze abgetragen werden und die Umfassungswände oberhalb sind zu sichern (Kosten 3000,- M), 2. Inventar, wie Kirchenbänke und Orgelpfeifen, müßten umgelagert werden. 3. Der Kirchturm sollte auf alle Fälle erhalten bleiben, damit die Gemeinde nicht nur aus einer Kirchenruine besteht! Das Dach müßte neu eingedeckt werden, Doppelbiber oder Römer. Der Glockenstuhl muß neu gesichert werden, einige Balken sind am Fuß abgefault (Kosten 3000,- M)."

Der weitere Schriftwechsel ist nicht bekannt. Jedenfalls konnte das Kirchendach im Jahr 1985 überraschend repariert und umgedeckt werden. Allerdings ist verbürgt, dass die Gorslebener – sowohl Kirchenmitglieder als auch Nichtmitglieder – diese Arbeiten größtenteils selbst in Angriff nehmen und zahlreiche Spenden einwerben. Danach werden die Fenster neu verglast und eingekittet. Die Wände und die sogar mit zweifachen ornamentalen Ausmalungen versehene prächtige Kassettendecke werden lediglich ausgekalkt. Damit sollen die Bilder erhalten und eine spätere, möglichst baldige Nutzung der Kirche ermöglicht werden.

Am Reformationstag 1990 ist es zur großen Freude vieler Gorslebener endlich so weit: nach Jahrzehnten der Stille findet wieder ein festlicher Gottesdienst in St. Marien statt. Im Herbst schließlich wird die Kirche an das öffentliche Stromnetz angeschlossen. Alle Arbeiten, teilt der Gemeindekirchenrat mit, dienen dem Ziel einer weiteren Nutzung der Kirche. 1998 schließlich beginnen ABM-Kräfte mit der kompletten Überholung des Kircheninnern und richten die Friedhofsmauer wieder her. „Alle diese Arbeiten", heißt es, „gestalteten sich schwierig, da alle Arbeiten unter Berücksichtigung des Denkmalschutzes durchgeführt werden mußten." Am 31. Oktober 1999 findet in dem innen gründlich renovierten Gotteshaus ein gemeinsamer Gottesdienst für alle Gemeinden des Pfarrsprengels statt.

Die weitere Auflistung des Gemeindekirchenrates ist erfreulich umfangreich: 2002 repariert die Glockengießerei Lauchhammer den Glockenklöppel und den hölzernen Glockenstuhl. Die Glocke wird per Handseil geläutet. Dann sind auch die Fenster in alle vier Himmelsrichtungen geöffnet, die ansonsten wegen der Tauben mit Fensterläden dicht verschlossen sind. Ende 2003 wird aus finanziellen Gründen nur der obere Teil der Turmhaube saniert. Geldmangel ist auch der Grund für die dringend nötige, zunächst aber nicht mögliche Dachreparatur. Anträge auf Fördermittel werden vorerst abgelehnt. Erst nach einer „Finanzspritze" vom Evangelischen Kirchenkreis beginnt im November 2007 die Erneuerung des Daches. Im Zusammenhang mit der Haubenreparatur wird auch die Turmkugel geöffnet und mit Münzen aus der DDR-Zeit sowie DM- und Euro-Münzen gefüllt. Nachfolgende Notsicherungsarbeiten des Biforiums – zwei durch eine Mittelsäule gekuppelte Fenster – an der Südseite des Kirchturmes sind möglich durch eine Zuwendung des Landkreises Saalekreis. Weitere Schäden im oberen Turmfassadenbereich müssen ebenfalls behoben werden. Allerdings kann nur der Weg der „kleinen Schritte" weiter begangen werden; Eigeninitiative und weitere Spenden sind sehr willkommen, nötig und dringlich …

Auf dem Kirchfriedhof befindet sich östlich der Kirche ein qualitätsvoller Sandsteinsarkophag für Andreas Hulbe, gestorben 1755. Allerdings ist der Steinsarg inzwischen so stark verwittert, dass die Inschrift auf der Gedenkplatte am oberen Ende nicht mehr ohne Weiteres entziffert werden kann.

Gorsleben wird bereits 1128 als Gorwesen erwähnt. Da gora aus dem Slawischen als der Berg übersetzt werden kann, heißt das damals – zumindest bis zum Dreißigjährigen Krieg – wohl recht ansehnliche Dorf eben „das Anwesen auf dem Berg". Die Mansfelder Grafen sollen hier sogar ein Schloss errichtet haben.

Großkugel

„Ich als Atheist bin für den Erhalt der Dorfgeschichte von Großkugel. Ich möchte dazu beitragen, die damit verbundenen Stätten
zu erhalten, damit es nicht nur Geschriebenes ist, sondern auch für
jeden greifbar und zum Anschauen. Mit etwas Ehrgeiz kann jeder
etwas bewirken, und die Erhaltung ist nicht nur die Aufgabe der
Gläubigen. Denn die Kirche ist ein weit sichtbares Wahrzeichen
des Ortes. Wir erhoffen uns als Ergebnis unserer Bemühungen eine
sanierte Kirche in schöner Umgebung und eine Dorfgemeinschaft,
die ihre Kirche wieder als Ort der Begegnung nutzt." – Diese im
Internet gefundenen Zeilen begründen ein Projekt zur Kirchenre-
konstruktion in Großkugel mit Restaurierung der Kirchenfenster.
Sie bedürfen wohl keines weiteren Kommentars …

Großkugel ist wendisch-sorbischen Ursprungs. Einen eindeutigen
Hinweis darauf liefert das Dorf in Form eines hufeisenförmigen
sogenannten Rundlings, der nach Osten hin geöffnet ist. Der
Bach in der Nähe heißt Kabelske oder auch Kaubitzschke –
also Stutenbach. In historischen Schriften steht Großkugel als
Großkubel oder auch Großkaubel – also Stutendorf. Es liegt also
nahe, dass die Sorben hier im Ort Pferde züchteten. Das Ross
taucht sogar im Wappen der Gemeinde auf. Schon wesentlich
früher, im Jahr 1335, wird Großkugel als Kubele im Lehensbuch
des Fürsten Bernhards III. von Anhalt erwähnt. Nachdem
Großkugel über die Jahrhunderte stets landwirtschaftlich geprägt
ist, kommt es etwa in der Mitte des 16. Jahrhunderts, als man
eine Straße von Halle nach Leipzig mitten durch Großkugel
baut, zu einem spürbaren wirtschaftlichen Aufschwung. Zugleich
entbrennt jedoch ein heftiger Streit zwischen den Kurfürsten von
Sachsen und dem Erzbischof zu Magdeburg um die Finanzen,
nämlich die Entrichtung und vor allem die Einnahmen der
Gebühr für die Straßenbenutzung. Schließlich werden im
Ergebnis der Streitigkeiten die Grenzen zwischen Sachsen und

Preußen 1558 vertraglich festgelegt. Ab 1680 gehört Großkugel zu Brandenburg-Preußen.

Im Zentrum des Dorfes erhebt sich ein kleiner Hügel. Mitten in einem gepflegten Friedhof steht auf dieser sanften Erhebung die Kirche. Am Friedhof befindet sich in früherer Zeit ein Teich. Auf dem Dorfplatz davor lag offenbar der Richtstein. Es existierte zudem vermutlich ein Gemeindebrunnen. Das Gotteshaus war zunächst katholisch. Etwa 1800 wird auf den Grundmauern eine Kirche aus Naturstein gebaut. Sie trägt angeblich bis 1817 den Namen St. Moritz, also Moritzkirche. Dieser Name wird anlässlich der 300. Wiederkehr der Reformation nicht mehr verwendet. Die heutige Kirche heißt St. Martin oder eben Martinskirche. Allerdings scheint es bei der Namensnennung und der zeitlichen Einordnung Irritationen zu geben, die zusätzliche Nahrung erhalten wegen der bisher fehlenden beziehungsweise noch nicht gesichteten oder aufgearbeiteten Unterlagen aus dem Kirchen-archiv. Das geschieht allerdings seit einigen Monaten.

Der für die Region untypische, etwas eigenartig anmutende hohe und weithin sichtbare schlanke Kirchturm mit seinem „Zeige-finger" wird 1850 erbaut und mit Ziegeln gedeckt. Darauf sitzt ein achteckiger, mit Zinkblech beschlagener, schiefergedeckter Dachreiter. Andere Quellen nennen für das Jahr 1856 den Bau eines neogotischen Westturmes in Ziegelbauweise.

Die Kirche macht einen insgesamt eher bescheidenen, aber or-dentlichen Eindruck. Der Anbau ist verputzt. Am Kirchenschiff blättert Putz ab. Einige Holzfenster müssen stellenweise erneuert werden. Mehrere Fensterscheiben fehlen. Örtlicher Bürgerverein, Freiwillige Feuerwehr und Einwohner mühen sich um Spender und Spenden. In der Planung ist die Reparatur von vier Fenstern. Dafür werden Eichenholz und Fensterglas benötigt. Die Kirch-turmuhr steht. Sie war etwa Anfang bis Mitte der 90er Jahre durch die Einwerbung von Spendengeldern repariert worden. Eine von ursprünglich drei Glocken exisitiert noch. Zwei sind eingeschmolzen. Elektrisches Läuten ist nicht möglich. Auch

hier steht eine Reparatur an. Die Glocke ist seit Jahren nicht angeschlagen worden. Das Dach wird 1989/90 neu gedeckt. Hier ist die Gemeinde Nutznießer der wendebedingten Aufbruchstimmung und der umfangreichen baulichen Aktivitäten im nahen Gewerbegebiet.

Die Orgel harrt einer Durchsicht. Sie hat einen guten Klang und kommt während der Adventszeit zum Einsatz. Allerdings wird regelmäßige Orgelmusik während der Gottesdienste oder Konzerte erst wieder nach einer notwendigen Generalüberholung erklingen. Bis dahin nimmt die Gemeinde mit dem Gitarrenspiel von Pfarrer Siegfried Lemke vorlieb.

Die vorstehend bereits erwähnte Sichtung der noch ungeordneten Unterlagen zur Kirche Großkugel begann im Frühjahr 2012. Peter Dörheit und Erich Stephan sind seitdem bemüht, ordnende Systematik in die Unterlagen zu bringen und eine Chronik zu erstellen beziehungsweise die Grundlagen hierfür zu schaffen. Gesichtet haben sie bisher schon Belege und kirchliche Rechnungen etwa ab 1699/1700 bis in die Jahre 1956/57/58, die Korrespondenz mit der königlichen Eisenbahngesellschaft zu Landverkäufen. Vorhanden und auf eine Auswertung warten bauliche Unterlagen zum Pfarrhaus, überlieferte Baupläne zum Beispiel für die alte Schule, Rezessunterlagen ab dem 19. Jahrhundert, Dokumente zur Glockenerfassung etwa von 1917 bis 1940, Belege zu kirchlichen Belangen in der Kirchengemeinde des 18. und 19. Jahrhunderts sowie historische Dokumente über Einwohner- und Besitzverhältnisse. Die umfassende, geordnete Erfassung und eine geeignete Präsentation in der Öffentlichkeit wird ganz gewiss noch einige Zeit in Anspruch nehmen, zumal die Recherchen in der Freizeit angestellt werden. Gerade deshalb ist es lobens- und lohnenswert, dass das Thema Chronik und Historie für uns Heutige und für die Nachwelt angefasst und schrittweise aufgearbeitet wird.

*

Zu den bedeutenden Söhnen der Gemeinde zählt Generalleutnant Karl Wilhelm von Dieskau (1701-1777), der 1721 in die preußische Artillerie eintritt. Der spätere Generalinspekteur der

Artillerie nimmt an zwölf Feldzügen, zehn Schlachten und neun Belagerungen teil. Friedrich der Große zeichnet Karl Wilhelm von Dieskau am 9. Juli 1752 mit dem Orden Pour le Mérite aus und übergibt ihm eine prächtige Tabaksdose.

Wesentlich „friedlicher" sind die Erinnerungen an den Biologen, Pädagogen und Fachbuchautor Otto Schmeil (1860-1943). Der Sohn eines Dorfschullehrers gilt als Reformator des Biologie-Unterrichts. In Halle ist er Lehrer an mehreren Volksschulen und Vorsitzender des örtlichen Lehrervereins. Nebenberuflich studiert Schmeil Biologie an der Universität und wird 1891 mit einer Dissertation über nur einen Millimeter lange Ruderfußkrebse in Leipzig bei Rudolf Leuckart mit „summa cum laude" promoviert. 1904 erhält er für seine Verdienste vom preußischen Kultusministerium den Professorentitel verliehen und verlässt im selben Jahr den Schuldienst, um sich stärker seiner Autorentätigkeit widmen zu können.

Gütz

Gütz? Nie gehört. Wo soll das denn liegen? – Diese heutzutage wohl noch verständliche Frage nach einem jetzigen Ortsteil von Landsberg wird möglicherweise spätestens 2017 nicht mehr gestellt. Dann werden, wenn nicht ganze Heerscharen, so doch etliche Kunstinteressierte, Christen wie Nichtchristen, in das soeben 825-jährige Gütz pilgern – 1287 ersterwähnt als Chutiz, später Juticz, Jutschicz, Jucz, Gutz, Geutz, Gietz.

Im Jahr 2017 – zum Ende der Lutherdekade anlässlich des 500-jährigen Jubiläums der Reformation – sollen nämlich die Glasmalereien von Professor Markus Lüpertz in den dann restaurierten Buntglasfenstern von 1910 mit den Porträts von Martin Luther und Philipp Melanchthon sowie einer Jesus-Darstellung und zweier Evangelisten in der evangelischen Dorfkirche zu Gütz fertiggestellt sein. In den siebziger Jahren des vorigen Jahrhunderts steht das Gotteshaus vor dem Abriss. Die Fenster fallen in Vor- und Nachwendejahren sinnlosem Vandalismus zum Opfer. Nur wenige Buntglasscherben können geborgen werden.

Das ebenso exzentrische wie vielgefragte Maler-Genie Lüpertz, zu Recht in einem Atemzug genannt mit Gerhard Richter, Georg Baselitz oder Frank Immendorf, gehört wie jene zu den schillerndsten Maler-Fürsten hierzulande. Ausgerechnet Lüpertz, vom Kunstkritiker und -soziologen Professor Walter Grasskamp als „betriebsamer Dogmatiker mit poltrigem Charme, spielerischer Aggressivität und durchtrainierter Eitelkeit" charakterisiert, „verirrt" sich aus seinem Teltower Atelier nach Gütz!? – Zu danken ist der Kontakt den überaus rührigen Mitgliedern des 1997 gegründeten Fördervereins Gützer Kirche e. V. Über die weltweit bekannten traditionsreichen Derix Glasstudios in Taunusstein – mit kirchlichen Projekten in New York, Minneapolis, Dakota, Shanghai, London, Liverpool und Riad – wird die Verbindung

hergestellt, und nach nur zwei Anrufen von Gützer Vereinsmitgliedern sagt Lüpertz zu. Er wird die vorhandenen Fensterteile
auf die ihm eigene, extravagant-individuelle Weise ergänzen und
um zwei neue Buntglasfenster bereichern – den „Weggucker" und
den „Aufbauer".

Das Gützer Gotteshaus, eine schlichte romanische Landkirche,
ist den beiden Heiligen Anna und Katharina geweiht. Der Bau
deutet auf eine Errichtung etwa zwischen 1150 und 1250 hin. Um
den Polygonalchor wird das Schiff vermutlich im 15. Jahrhundert
verlängert. Die einzig erhaltene, die größte von ursprünglich vier
Glocken, wird 1488 gegossen. Erstmals urkundlich erwähnt wird
die einfache, aus Porphyr errichtete Saalraumkirche jedoch erst
1540. Der Westquerturm ist genauso breit wie das Kirchenschiff.
Über der Glocken-Etage geht er von einem rechteckigen in einen
quadratischen Abschluss über und wird von einem Dachreiter
bekrönt. Zwei Satteldächer mit gleichhoher Firsthöhe überspannen
das Kirchenschiff und den Chor.

Bemerkenswert sind die zahlreichen Umbauten des Gotteshauses.
Ein Großteil des Bauwerkes stammt aus spätromanischer Zeit,
etwa vom Ende des 12. Jahrhunderts. Dazu zählen das Schiff und
die beiden unteren Geschosse des Westturmes, die damit zugleich
als die ältesten Teile des Gotteshauses gelten. Weitere durchgrei-
fende Umgestaltungen sind für das Ende des 18. Jahrhunderts
nachweisbar. Seit 1777 überspannt ein Dachwerk mit hölzernem
Tonnengewölbe das Kirchenschiff. Die Empore wird errichtet,
ebenso entstehen die Pfarr- und Ältestenlogen. Auf das Jahr der
Anfertigung des schönen Kanzelaltars vom halleschen Universitäts-
Bildhauer Michael Adam Wiener weist die rückseitige Inschrift
hin: „Gott zu Ehren hat diesen Altar lassen bauen Johann Gottlieb
Busse in Roitzschgen MDCCLXXVIII (1778) und Staffieren
MDCCLXXXXII (also ausstatten 1792)." Im 18. Jahrhundert
wird der Außenputz erneuert. Der Westturm bekommt 1854 ein
neues neoromanisches Glockengeschoss aufgestockt. 1886 muss
das schadhafte Dach erneuert werden. Schließlich wird am Ende
des 19. Jahrhunderts das Tonnengewölbe ausgemalt.

Seit den 1960er Jahren findet kaum noch christliches Leben in der Kirche statt. Zur letzten Christmette wird Weihnachten 1971 eingeladen. 1972 wird das Dach durch einen schweren Sturm in Mitleidenschaft gezogen. Das scheint das Signal zu sein für Einbrecher, Diebe, Barbaren. Sie stehlen in der Folgezeit etliche Gegenstände, zerstören große Teile der Inneneinrichtung und zerschlagen die Buntglasfenster. Die Kirche zerfällt immer mehr und ist so gut wie abgeschrieben. 1976 gibt die Kirchenbehörde das Bauwerk auf. Seit 1977 ist St. Anna und Katharina ausgesegnet.

Ein Segen hingegen ist es, dass der Verein seit nunmehr 15 Jahren beharrlich an seinem Ziel festhält: die Kirche als ein kulturelles Begegnungszentrum einzurichten. Und das bisherige Ergebnis geballter Handwerkerkompetenz lässt mehr als nur hoffen: Gemeinsam haben die Vereinsmitglieder – darunter Maurer, Tischler, Fliesenleger, Elektriker – unermüdlich repariert und saniert, Hilfeleistungen von Betrieben erbeten und Spendengelder eingeworben. Die Liste der Aktivitäten ist lang. Noch im Gründungsjahr 1997 beginnen Aufräumarbeiten, das Dach wird mit Planen abgedichtet, der Dachstuhl abgestützt. In den Jahren danach werden der Dachstuhl und das Mauerwerk saniert. Am 24. Dezember 2001 kann sogar erstmals wieder ein Gottesdienst stattfinden. Am Tonnengewölbe erfolgen weitere Arbeiten. Treppen, Empore und Ältestenloge werden eingebaut. Eine Erneuerung des Innenputzes beginnt. 2004 werden erfolgreich der Schwamm im Mauerwerk bekämpft, die Sanierung des Daches abgeschlossen, das Kirchenschiff verputzt, die Elektrik vollständig erneuert, Be- und Entwässerungsleitungen verlegt und eine Turmuhr mit Schlagwerk angebracht. 2007 wird der Fußboden im Turm grundhaft erneuert. Das Schiff erhält eine Fußbodenheizung.

Einer kleinen Sensation gleich kommt 2009 bei Putzarbeiten die Entdeckung von zwei vorreformatorischen Weihekreuzen direkt hinter dem Altar. Normalerweise existieren in einer Kirche stets zwölf Kreuze, die zur Einsegnung des Gebäudes angebracht werden; analog der zwölf Apostel auch Apostelkreuz genannt. Die Kreuze sind von einem oder auch mehreren Kreisen umgeben und

rot. Die rote Farbe steht für das Blut Christi. In evangelischen Kirchen, heißt es, sind die Weihekreuze gewöhnlich übertüncht worden. Das könnte das Verschwinden der anderen zehn Kreuze erklären.

Eine Rokoko-Orgel soll 1779 zum Kirchweihfest vom Leipziger Orgelbaumeister Maurer übergeben werden. Nachdem der jedoch seinen „Panquerot!" – also Bankrott – erklärt, führt dessen relativ unerfahrener Geselle Gottlieb Göttlich die Einbauten weiter. Trotzdem soll das Instrument mit dem Prospekt in Rokoko-Form zu den damals wertvollsten in Halle und Umgebung zählen. Die Übergabe erfolgt schließlich 1783. Nahezu hundert Jahre, seit 1917 insgesamt 71 Prospektpfeifen ausgebaut und für Kriegszwecke verwendet werden, ist die Orgel nicht mehr genutzt worden. Eine Reparatur scheitert am fehlenden Geld. Der Verfall schreitet voran. Mutwillig und sinnlos werden die restlichen verbliebenen Orgelteile zerstört, die Zinnpfeifen gestohlen, der Spieltisch zertrümmert. Übrig bleiben lediglich einige wenige Holzpfeifen und mehrere gewichtige Blasebalgteile.

Bei näherer Betrachtung erweisen sich diese hölzernen Teile als faustdicke Überraschung. Sie sind nämlich mit „Altpapier" beklebt. Da entdeckt man eine Tüte aus der halleschen Waisenhaus-Apotheke, die einst „1/8 Pfund Dr. Richters Brust- und Blutreinigungstee" enthielt, eine Quittung über „2 Gr. für die Tischler-Sterbekasse" oder einen gedruckten Text „Dt. Schulen im Waisenhause zu Halle" aus dem Jahr 1832, private Briefe, Quittungen, Schulaufsätze in Sütterlinschrift, Zeichnungen, Schreibübungen in lateinischer Schrift. All diese papiernen Zeitzeugen etwa aus den Jahren 1810 bis 1850 sind auf hölzernen Resten von Blasebalgteilen der Orgel zu lesen, besser: zu entziffern. Die Trennwände zwischen den einzelnen Orgelkammern sind vollständig und teils sogar mehrfach mit diesen Zeitdokumenten be- und überklebt. Damit wollte man die Kammern vollständig abdichten und keine Luft entweichen lassen. Die unterschiedlichste Verwendung, der Anlass der Anfertigung beziehungsweise die genannten Adressaten von Quittungen deuten auf deren Herkunft aus der Firma und dem Privathaushalt des Orgelbaumeisters Friedrich Wilhelm Wäldner aus Halle hin. Zugleich gewähren sie einen erstaunlich detailreichen Einblick in die Familiengeschichte der Wäldners im Besonderen und das einstige Leben einer Familie in der Mitte des 19. Jahrhunderts im Allgemeinen. Orgelbaumeister Wäldner sen. ist übrigens der Erbauer der Orgel im Dom zu Halle, die er 1851 zum Abschluss bringt.

Der Taufstein – „ein qualitätsvoller Taufstein in Kelchform aus Sandstein mit Putten verziert" – steht seit den 1980er Jahren in der Landsberger Doppelkapelle. Er ist leider mit Ölfarbe angestrichen worden. Eine Sanduhr von 1627 mit vier Doppelglas-Ellypsen, die dem Redenden jeweils nach der Drehung eine Viertel-, halbe, Dreiviertel- oder eine Stunde Redezeit anzeigte, ist verschollen. Vermutlich fiel sie dem Vandalismus früherer Zeit zum Opfer.

Der Kirchturm ist über alle drei Stockwerke grundlegend saniert. Neue Dielen, eine neue Treppe einschließlich Geländer über alle Etagen, Toiletten, eine kleine eingebaute Küche im Gewölberaum zeugen von geradezu aufopferungsvollem Einsatz aller Beteiligten. Jüngstes Ergebnis der Ausbauarbeiten im Kirchturm ist die 2012 fertiggestellte „Gützer Stube" mit einer Bohlendecke, romanischen Rundbogenfenstern und elektrischen Heizkörpern.

Gewiss: bei allem Fleiß und allem Engagement kostet die Sanierung Geld, viel Geld. Sehr willkommene Förderer des Denkmals Dorfkirche Gütz sind deshalb die Deutsche Stiftung Denkmalschutz, die Bundesrepublik Deutschland, das Land Sachsen-Anhalt, der Landkreis Saalekreis, die Stadt Landsberg, die Saalesparkasse, viele Landsberger Unternehmen, zahlreiche Einwohner und ehrenamtliche Helfer. Ohne diese Hilfe wäre es nicht gelungen, die Gützer Kirche vor dem endgültigen Verfall zu bewahren.

Gutenberg

„Ein echter Cranach von 1542? In einer Kirche im Saalkreis? Dort hängt das Bild; einfach so?" – Ungläubig schüttelt Inge den Kopf. „Na, jedenfalls hing es früher dort. Hier steht's doch." Ich lese meiner Frau aus einem Wanderführer von 1925 vor: „Aus der eigentlichen Reformationszeit sind mehrere interessante Andenken erhalten, der Taufstein mit der Jahreszahl 1556, ein gut erhaltenes Lukas-Kranach-Bild, Luther und Melanchthon darstellend, von 1542, und an der Nordwand im Innern der Kirche der Grabstein des Amtshauptmanns Albrecht Hacke, von 1565, eine Arbeit von seltener Schönheit." Zitiert wird in dem Büchlein der Gutenberger Lehrer Karl Wenzel, der einst zahlreiche Beiträge zur Geschichte des Ortes und der Gegend veröffentlicht.

Zum Tag des offenen Denkmals besuchen wir St. Nikolai in Gutenberg. Und tatsächlich! Da steht das Bild auf dem Altar. Einfach so. Es zeigt Martin Luther und Philipp Melanchthon, das Zeichen Lucas Cranachs und die Jahreszahl 1542. Kunsthistoriker zweifeln allerdings die Echtheit des Gemäldes an. Nun gut, wenn nicht von dem berühmten Maler selbst, so stammt es gewiss aus seiner Werkstatt. Und wenn das Werk früher zeitweise ungesichert im Altarraum gehangen haben soll, wird es heute gut gesichert im Panzerschrank verwahrt. Also doch ein echter, wertvoller Cranach?

Der von Wenzel erwähnte Albrecht Hacke (1503-1565) soll das Bild für die Kirche erworben haben. Die Herren von Hacke folgen im 14. Jahrhundert den Herren von Gutenberg. Als deren ersten erwähnt die Chronik 1207 Heinrich von Gutenberg. Die Herrschaft derer von Gutenberg endet 1376 mit dem Tod des Otto von Gutenberg.

Gutsherr Albrecht Hacke war zugleich Amtshauptmann. Neben dem Cranach-Bild dürfte er auch den heute noch existierenden und im Gebrauch befindlichen Taufstein von 1556 gestiftet haben. Der Grabstein im Chorraum stellt Hacke in voller Ritterrüstung dar. Gleichsam zur Verteidigung des Heiligtums lehnt er sein Schwert an das Kruzifix. Die Umschrift lautet: „Anno Domini im 1565. Jahre, den 8. Decembris ist in Got verschieden der edel und gestrenge Hauptmann Albr. Hacke, seines Alters nach 62 Jahr, dem Got verleih eine fröhliche Auferstehung." Auf der Fahne steht: „Hie lieg ich und muss verwesen, denn ein sunder bin ich gewesen, doch gleub ich ein ewiges Leben, welichs mir mein Christus wird geben." – Ein Nachkomme Hackes, der von Friedrich dem Großen geadelt wurde, ist übrigens in Fritz Reuters „Ut mine Festungstid" als Festungskommandeur von Magdeburg aufgeführt. Die Hackes waren Mitte des 15. Jahrhunderts sehr wohlhabend. Ihnen gehörten Grundstücke in mehr als 15 Saalkreis-Gemeinden. Die Ära der Hackes endet zu Beginn des 17. Jahrhunderts.

Gutenberg wird als Thobragora – Guter Berg – bereits in der ältesten erhaltenen Urkunde Ottos I. vom 26. Juni 952 erwähnt. Um diesen guten Berg gruppieren sich die Häuser des einstigen slawischen Runddorfes. 1207 bis 1376 herrschen hier die Herren von Gutenberg. Dreyhaupt nimmt an, Gutenberg hat seinen Namen im Ursprung vom germanischen Gott Wodan: „Wodan ward auch Gote, Guode, Godan, Guodan genannt und scheint dem Dorfe Gutenberg … den Namen gegeben zu haben, welches in alten Diplomatibus Godemburg, Godenburg geheißen wird, indem in selbigen die Kirche mitten im Dorfe auf einem hohen Berg liegt, und nach einer fortgepflanzten Tradition ein Götzen-tempel gewesen sein soll." Es ist eher anzunehmen, dass die deutsche Sprachform die Übersetzung des slawischen Thobragora, Tobragora, Thobrogora oder Dobrogora ist und auch in unter-schiedlicher Schreibweise jeweils „guter Berg" heißt.

Die Beschreibung des Ortes klingt beinahe euphorisch. Ein älterer Wanderführer lädt „nach dem schönen Gutenberge" ein. Für Schultze-Galléra ist Gutenberg „die von alten Zeiten her interessan-teste Siedlung des gesamten Götschegebietes" wegen der „wahrhaft reizenden Lage des Ortes". Und in einem Beitrag der Zeitung „Hallische Nachrichten" lesen wir: „Vom Norden nahen wir Gutenberg. Es liegt wirklich romantisch! Steile Pfade führen auf den Kirchberg mit seiner Nikolauskirche und dem Friedhofe, an seiner Südseite leitet ein schmaler Steg auf einen künstlichen Hügel, von Linden gekrönt, mit einer Aussicht, die sich wirklich sehen lassen kann: zu Füßen das beinahe harzerisch gebaute Dorf, vor uns das Götschetal, dahinter Heide und jenseitiges Saaleland – ein gutes Glas will man hier gar nicht von den Augen absetzen." Bei so viel Lob will man es kaum glauben, dass Gutenberg Jahrhunderte lang zu den ärmsten Dörfern des Saalkreises zählt. Bekannt wird es übrigens auch durch den Anbau einer frühen Maierbse, was Gutenberg den Beinamen „Erbsendorf" oder „Schotendorf" einbringt.

Auf dem sich gerade mal 25 Meter über der Talsohle erhebenden Berg thront die romanische Kirche St. Nikolaus. Der schlichte Saalbau mit Westquerturm hat dreiseitigen Schluss. Auf dem Satteldach des Turmes steht mittig ein schlanker achtseitiger Dachreiter. Das Schiff wird vermutlich im 14. Jahrhundert renoviert und im 19. Jahrhundert verändert. Schultze-Galléra vermutet, dass die Kirche noch aus dem 12. Jahrhundert stammt. Anderenorts heißt es, sie sei wohl in der 1. Hälfte des 13. Jahrhunderts erbaut worden. Der „Dehio", das Handbuch der deutschen Kunstdenkmäler, stellt sie in die 2. Hälfte des 13. Jahrhunderts, gleichzeitig einschränkend, dass eine genaue Datierung nicht möglich sei. Auf dem alten germanisch-slawischen Wallberg steht vom achten bis ins frühe zehnte Jahrhundert eine slawische, im zehnten Jahrhundert eine deutsche Wallburg. „Die Kirche war dem heiligen Nikolaus geweiht, dem Patron der Schiffsleute und Schutzheiligen der Überschwemmungen im Hallthale der Pfänner," schreibt Schultze-Galléra. „Die Herren von Godenberg, unter denen das Gotteshaus erbaut worden war, besaßen eine stattliche Anzahl Pfannen im Thale. Vielleicht trat gerade hier auf dem Wodansberge Nikolaus an die Stelle Gottes, wie er es so oft auch an anderen Kultstätten des Gottes getan hat."

Seit 1602 wird ein Kirchenbuch geführt. In ihm ist die Geschichte Gutenbergs fast lückenlos aufgeführt. Darin steht unter anderem

zu lesen, dass Daniel Bernstein 46 Jahre lang Pfarrer in Gutenberg war, zwei Ehen sowie acht Söhne und sechs Töchter hatte. Ein Nachkomme lebt noch nach dem Zweiten Weltkrieg im Ort.

1654 und 1655 werden der Turm und das Dach der Kirche erneuert. Der 1694 für 66 Taler errichtete Glockenstuhl trägt bis heute drei Glocken. 1685 werden der vergoldete Silberkelch des Abendmahlgerätes und der Altarschmuck gestohlen. 1726 wird der Kirchturm „und dessen Spitze" repariert. 1732 ist aus einer Kirchenrechnung der Bau einer neuen „Empor Kirche" ersichtlich. Dabei handelt es sich offenbar um die Orgelempore, denn die beiden damals übereinander befindlichen Emporen entstehen erst im Jahre 1757. Im gleichen Jahr wird die ursprünglich flache Decke durch eine sogenannte Tonnendecke ersetzt. Zugleich setzt man in das Dach Gauben ein, um mehr Tageslicht für die oberen Emporen zu gewinnen. Diese werden übrigens im Jahre 1961 entfernt. 1754 stiftet die Kirchenpatronin Charlotte von Rettberg, die 1730 bereits 50 Taler für den Kanzelaltar bezahlt, für 17 Taler einen aus Holz geschnitzten Taufengel, der einen grünen Kranz in seinen segnenden Händen hält. Leider ist der Engel, der über dem Taufstein schwebte, nicht mehr vorhanden. Ein Jahr später stiftet Amtsrat Winckler die Taufschale für den Taufstein von 1556. Schließlich kauft Pfarrer Kranz, der von 1858 bis 1878 in Gutenberg wirkt und recht vermögend verheiratet ist, die noch heute in der Kirche vorhandene Orgel im Jahre 1869 von den Franckeschen Stiftungen in Halle und schenkt sie der Kirchgemeinde.

Die älteste, noch heute erhaltene Glocke stammt von 1331. Dem unermüdlichen Einwerben von Spendengeldern durch Hans-Jochen Klappenbach, von 1954 bis 1964 Pfarrer und Superintendent in Gutenberg, ist es zu verdanken, dass zwei der im Zweiten Weltkrieg eingeschmolzenen Glocken durch Stahlglocken ersetzt werden konnten. Die große Glocke mit dem Namen St. Marien trägt die Inschrift „Meine Seele erhebt den Herrn und mein Geist freuet sich Gottes meines Heilandes". Auf der kleinen Glocke namens St. Michaelis ist zu lesen: „Der Engel des Herrn lagert sich um die her, die ihn fürchten und hilft ihnen aus". Seit 1962 – 2012 ist also ein Jubiläumsjahr – erklingen sie gemeinsam mit der Glocke von 1331 weithin hörbar in wohltönendem Klang.

An die ebenso abenteuerlichen wie spannenden und für später Geborene kaum nachvollziehbaren Schwierigkeiten, Überraschungen und Hürden bei der Erneuerung der Turmspitze Ende der siebziger Jahre bis zur Fertigstellung im Jahre 1981 erinnert nur noch die Wetterfahne mit eben dieser Jahreszahl: 1981. Wer jedoch Näheres dazu und und zur Geschichte der Gemeinde Gutenberg erfahren möchte, dem sei der Erwerb des Büchleins „1050 Jahre Gutenberg" von Professor Dr. Eberhard Winkler – Telefon: 034606 20463 – empfohlen.

„In botanischer Hinsicht", schreibt Lehrer Wenzel 1925, „bietet die Umgebung einige interessante Pflanzen." Entdeckt hat er Adonis vernalis, das Frühlings-Teufelsauge, und Iris germanica, die deutsche Schwertlilie, „wohl der einzige Standort, in dem diese Pflanze in Halles Umgebung wild zu finden ist."

Holleben

Das Zehntverzeichnis des Klosters Hersfeld entsteht zwischen 881 und 887 oder zwischen 896 und 899. Hier ist die erstmalige Erwähnung Hollebens als Hunlebeburg – auch Hunlevaburg, Hunleinaburch oder H(un)enleba – urkundlich dokumentiert. Allerdings ist die Originalurkunde nicht mehr auffindbar. Die Abschrift aus dem ausgehenden 11. Jahrhundert befindet sich im Hessischen Staatsarchiv Marburg.

Etwa ab 1250 ist Holleben Stammsitz derer von Holleben, eines alten sächsisch-thüringischen Adelsgeschlechts. Dessen Familienname wies sage und schreibe sieben Schreibweisen auf: Hunleute, Hunleve, Honleve, Hulleve, Hulleiben, Hulleben und Holleben. Im Jahr 1939 wird der Gemeinde das nördlich dicht angrenzende Beuchlitz – siehe auch Seite 32 – und 1950 schließlich das südlich gelegene Benkendorf zugeordnet.

Am 5. Mai 2004 gründen acht Einwohner von Holleben den „Förderverein Evangelische Kirche zu Holleben". Zweck des Vereins ist die „weitgehendste Restaurierung der Kirche als bedeutendes Denkmal des Ortes Holleben zu fördern". Von Anbeginn sammeln die Vereinsmitglieder Geld zur Restaurierung der Orgel. Zu den Sponsoren zählen die Lotto Toto GmbH Sachsen-Anhalt und die Stiftung „Zukunft Spergau". Zu Beginn des Jahres 2009 konnte die Ausschreibung erfolgen. Restauriert hat das Instrument Orgelbaumeister Georg Wünning aus dem sächsischen Großolbersdorf. Das Gehäuse wird in der Firma von Diplom-Restaurator Peter Schöne restauriert.

Der 18. Oktober 2009 wird nicht nur den Vereinsmitgliedern, sondern allen Dabeigewesenen lange in freudiger Erinnerung bleiben. An diesem Sonntag wird die restaurierte Böhme-Orgel in der evangelischen Kirche wiedereingeweiht. In einer extra herausgegebenen Festschrift wünscht Orgelbaumeister Wünning dem Instrument, dass es „von jetzt an wieder mit einem langen, frischen Atem Besucher der Gottesdienste und Konzerte erfreuen" möge.

Gebaut hatte die Orgel – Honoré de Balzac nennt Orgeln allgemein voller Verehrung „ohne Zweifel das kühnste und das herrlichste aller von menschlichem Geist erschaffenen Instrumente" – Johann Michael Gottlob Böhme. Er wird am 30. Oktober 1772 in Lunzig nahe Greiz geboren und arbeitet in Zeitz. Der Orgelbaumeister schuf 43 neue Orgeln. Das Hollebener Instrument mit etwa 1000 Pfeifen zwischen 15 Millimetern und vier Metern ist sein 24. Werk. Es wird am 17. November 1823 eingeweiht. Viele Jahrzehnte vorher muss jedoch schon eine mechanische Orgel vorhanden gewesen sein. Im Internetportal Wikipedia ist eine Reparatur durch Johann Gottfried Krug bereits im Jahre 1782 festgehalten. Allerdings finden sich keine weiteren Informationen.

Eine „gründliche Reparatur" vollzieht 1902 der Merseburger Orgelbauer Alexander Liemen. Eigentlich seien die Liemens keine Orgelbauer gewesen, sondern hätten sich mit der Reinigung und Pflege von Orgeln befasst, heißt es auf einer Internet-Seite. Im Merseburger Adressbuch von 1910 steht hinter dem Namen Alex Liemen „Instrumentenmacher und Orgelbauer". Orgel-Durchsichten finden 1922 durch die Zörbiger Orgelbaufirma Rühlmann sowie 1955 und 1973 von der Orgelbauwerkstatt Kühn aus Merseburg statt.

Die romanische Kirche stammt aus der zweiten Hälfte des 12. Jahrhunderts. „Einschiffige Kirche mit quadratischem (oben ins Achteck übergehenden) Westturm und eingezogenem Chor (5/8-Schluss)", heißt es bei Wikipedia. „Dorfkirche aus der 2. H. 12. Jh., der Chor in der 2. H. 15. Jh. neu erbaut, Turm und Schiff um 1700 neu- bzw. umgebaut und der Turm mit barocker Schweifhaube versehen", lesen wir im Denkmalverzeichnis Sachsen-Anhalt Saalkreis. Schließlich bestätigt ein kleiner Saalkreisführer zur Jahrtausendwende, dass „die romanische Kirche mindestens so alt wie das Dorf ist und im Laufe der Jahrhunderte erweitert wurde und so verschiedene Baustile aufweist".

Erstmals urkundlich erwähnt wird das Gotteshaus 1174, als Kaiser Friedrich Barbarossa dem Roßlebener Augustinerkloster die Hollebener Besitzungen einschließlich der Kirche bestätigt. Deren eigentliche Gründungsväter sind wohl die Mönche des eingangs erwähnten Hersfelder Benediktinerklosters.

Deutlich erkennbare Ritzfugen im äußeren südlichen Mauerwerk und an den Fenstern im nördlichen Schiff deuten darauf hin, dass der heutige Mittelteil der Kirche wohl der älteste ist, während 1582 Schiff und Chor umgebaut werden nebst Anbau mit einem Renaissance-Portal. Aus dieser Zeit stammt auch das spätgotische Netzrippengewölbe. Auf einer Tafel am Nordeingang ist zu lesen: „A. D. 1582 – Herr Magister Johann Schafnicht Pfarrer – Ulrich Ecke Andreas Fincke Kirchvater Hilf Gott alle Zeit". Es ist allerdings nicht immer eindeutig nachweisbar, ob die Fugenritzung gestalterisches Element war oder lediglich eine handwerkliche Leistung darstellt. Ob Kirchen, die keine Fugenritzung aufweisen, früher verputzt waren, ist nicht feststellbar.

Erweiterungen und Umbauten sind urkundlich belegt. 1654 werden drei Glocken erwähnt, 1665 der Einbau der Patronatslogen. Im selben Jahr wird der Turm verstärkt. Ein Jahr später wird eine zweite, Handwerkerchor genannte Empore gebaut. Die Inschrift „MHB 1666" ist heute noch deutlich auf einem hölzernen Pfeiler zu lesen. 1679 finden 1500 Steine bei der Pflasterung des Fußbodens Verwendung. Darauf wird anschließend das neue Gestühl aufgestellt. 1681 erfolgt ein Neuguss der Glocken in Laucha. An anderer Stelle heißt es, die „zum Teil gesprungenen" Glocken werden „1880 durch drei neue Glocken" ersetzt. Exakt im Jahre 1695 – „um 1700" steht im Landesdenkmalverzeichnis – erhält der elegante Turm beim Umbau eine markante barocke Schweifhaube.

Von den drei Bronzeglocken werden zwei im Ersten Weltkrieg eingeschmolzen. Schon 1921 ist das Dreiklanggeläut aus Klangstahl bei der Glockengießerei Schilling in Apolda in Auftrag gegeben. Die Glocken treffen im Juli 1921 in Holleben ein. Dazu heißt es in einem Zeitungsausschnitt: „Mittels grün bekränzten

Wagen wurden sie unter dem Gesange der Schuljugend vom Bahnhof nach der Kirche gebracht und unter Anteilnahme der ganzen Gemeinde auf den Glockenturm befördert. Nachdem die Glocken durch die Monteure der Glockengießerei Apolda und die Leute des Baumeisters Max Ifland aufmontiert worden waren, entbot der Gesangverein Holleben der Gemeinde den ersten Glockengruß durch den Gesang des Liedes ‚Lobe den Herren‘ vom Glockenturm." Das Gewicht der Glocken beträgt 1596, 748 und 430 Kilogramm. Das Geläut muss täglich aufgezogen werden.

Die Emporenbilder in den Brüstungsfeldern der zweigeschossigen Hufeisenempore stammen von Karl Völker (1889-1962). Der Maler des Expressionismus und der neuen Sachlichkeit ist weit über die Grenzen seiner Heimatstadt Halle ein Begriff. Zu den bekannten Arbeiten des Hallensers zählen die expressionistischen, farblich kräftig leuchtenden Deckenbilder in der Kirche von Schmirma, die Kuppelfresken in der großen Feierhalle auf dem halleschen Gertraudenfriedhof oder das Tafelwandbild für die Industrie- und Handelskammer in Halle. Während Völker von 1933 bis 1945 wegen seiner „entarteten Kunst" mit Berufsverbot belegt wurde, wandelte sich in dieser Zeit seine eher kontrastbetonte Malweise hin zu einer differenzierteren, zurückhaltenderen Bildauffassung. Stimmungen werden nuancierter wiedergegeben. 1936 findet eine Reihe von Ausmalungen sakraler Räume ihren Anfang in der Dorfkirche Holleben. Später folgen die Kirchen in Kelbra, Schneidlingen, Schwenda und Zwenkau.

Die tafelbildähnlichen in Kaseinfarben ausgeführten Bilder zeigen, getrennt jeweils durch flache Pilaster, auf der unteren Empore eine weitgezogene Panorama-Ansicht Hollebens mit dem herausragenden Kirchturm sowie verschiedene landschaftliche Stimmungen und ländliche Motive über die vier Jahreszeiten. Sich wiederholende, durch Goldfarben verstärkte christliche Symbolik stellt in der oberen Empore das Kirchenjahr dar, die vier Lebensabschnitte jeweils durch eine Engelsgestalt unterbrochen. So spannt sich harmonisch der Bogen von der Wiedergabe bäuerlicher Arbeit zur Deutung biblischer Gleichnisse.

1936 erfolgt neben den Emporenmalereien Völkers eine Umgestaltung und Erneuerung des Innenraumes. Der dreiflüglige Schnitzaltar und die Kanzel werden restauriert. Wände und Gestühl erfahren einen neuen Anstrich. Die Orgel erhält eine Generaldurchsicht.

Zu den jüngeren Erhaltungsmaßnahmen zählen im Jahre 2005 Konservierungen am Altar, 2008 am Vortragekreuz, an den Emporenbildern, an der Kanzel sowie am Epitaph.

Der spätgotische Schnitzaltar ist künstlerisch wertvoll. Vermutlich stammt er aus dem Merseburger Dom und gelangt um 1530 offenbar mit Einführung der Reformation nach Holleben. Schöpfer soll ein Meisterschüler von Tilman Riemenschneider (um 1460-1531) sein. Riemenschneider war um 1500 am Übergang von der Spätgotik zur Renaissance einer der bedeutendsten Bildschnitzer und Bildhauer. Im geschlossenen Zustand zeigen die beiden Altar-Türen außen Mariä Verkündung. Die Darstellung wird rechts daneben von Petrus mit dem Schlüssel und links vom Heiligen Sebastian, mit einem Pfeil durchbohrter Märtyrer eingerahmt. Der geöffnete Schrein zeigt Sankt Stephanus, den allerersten christlichen Märtyrer und einen heiligen Bischof, zwischen ihnen Maria mit dem Jesuskind. In den Türen stehen rechts und links jeweils vier heilige Frauen und vier Männer. Über dem Flügelaltar befindet sich ein geschnitzter Zieraufsatz, ein sogenanntes Gesprenge, das eine Kreuzigungsgruppe darstellt.

Die prachtvolle und beeindruckende Innenausstattung unter der verputzten Holztonnen-Decke vervollständigt neben der Sakristei mit Kreuzgewölbe die vierseitige, 1680 errichtete hölzerne Kanzel, die an der Brüstung die vier Evangelisten Matthäus, Markus, Lukas und Johannes zeigt sowie eine kelchförmige romanische Sandsteintaufe.

An der südlichen Langhauswand steht der monumentale figürliche Doppelgrabstein des Ehepaars Balthasar (gest. 1577) und Sibylle von Bose (gest. 1599). Das Epitaph aus Marmor und Alabaster an der nördlichen Wand ist Carol Hieronymus von Bose (gest. 1692) gewidmet.

*

Abschließend eine Frage: Was ist 2,55 m hoch? Ein normales Zimmer? Die Weihnachtstanne im Kaufhaus? Die Latte beim Hochspung-Weltrekordversuch? – Alles falsch! Marianne Pauline Maria Elisabeth Wedde oder Wehde – den Namen sollte man sich merken – war so groß. Und damit angeblich die größte Frau der Welt! Marianne – kurz Mimi – kam am 31. Januar 1866 in Holleben-Benkendorf zur Welt. Sie soll etwa 250 Kilo gewogen haben und bereits 18-jährig am 21. Januar 1884 während eines Aufenthalts mit Schaustellern in Paris verstorben sein. Andere Quellen nennen 1885 als das Sterbejahr …

Kanena

Frühergeborene erwähnen umgehend, kommt die Rede auf den halleschen Ortsteil Kanena, das historische Planetarium, das am 7. Oktober 1963 als allererstes Schulplanetarium der DDR eröffnet wird. Herzstück ist der alte Zeiss Kleinprojektor ZKP1 Baujahr 1962, den der Lehrer Karl Kockel als langjähriger Leiter des Planetariums jeweils mit der Hand steuerte. Kanena wird als Standort für die Sternwarte ausgewählt, weil hier im halleschen Osten die Luft- und damit die Lichtverschmutzung seinerzeit am geringsten gewesen sein soll. 1978 gerät die Station in Kanena durch den Bau des Raumflugplanetariums auf der Peißnitz in Vergessenheit. 1998 gründet Kockel, bereits 72-jährig, den gemeinnützigen Verein Astronomische Station „Johannes Kepler" Halle-Kanena e. V. Zu seinem 80. Geburtstag am 27. August 2006 hält er vor zahlreichen Gästen und Gratulanten im Planetarium zum letzten Mal seinen Vortrag, den er bereits über Jahrzehnte vor Schülern der 10. Klassen hielt.

Die erste schriftliche Erwähnung Kanenas stammt vom 14. Februar 1182. Unter diesem Datum bestätigt Erzbischof Wichmann von Magdeburg dem Kloster Neuwerk zu Halle Landbesitz im Dorfe Cunene. Das wirkliche Alter dieser Ortschaft kann daraus jedoch nicht abgeleitet werden. Eher ist anzunehmen, dass Sorben bereits über 500 Jahre früher an der Saale sesshaft werden und das Dorf gründen. Möglich ist aber auch, dass die Siedlung bereits besteht. Die Slawen werden später von den Karolingern verdrängt. 961 schenkt Otto I. Kanena und die Region dem Moritzkloster zu Magdeburg. Nach einer andere Quelle wird das Dorf im Jahr 1184 Domäne des zweiten halleschen Augustinerchorherrenstiftes – des Moritzklosters. Sieben Jahre später wird das Erzbistum Magdeburg gegründet. Die Güter und Besitztümer des Moritzklosters werden Eigentum des Erzbistums, und so bleibt Kanena bis 1680 dem Erzbistum Magdeburg zugehörig.

Die Turmuhr zeigt 17.45 Uhr, als ich an diesem leicht nebligen Oktoberspätnachmittag – gewissermaßen zur Blauen Stunde – den Friedhof betrete. Die Kirche St. Stephan steht im Zentrum des gepflegten Geländes. Allerdings suche ich Gräber und Grabsteine bis auf eine Ausnahme vergebens. Der einzig erhaltene Grabstein verweist auf die letzte Ruhestätte des Gutsbesitzers Friedrich Walther und seiner Frau Caroline geborene Elste. Die „1793" über der Eingangspforte der Kirche weist auf deren neuerliche Errichtung hin, nachdem „dieses Gotteshaus", wie es im Visitationsbericht von 1647 heißt, „hat anno 1636 auch etwas Schaden erlitten. Das Gemäuer ist noch gut und das ganze Dach bis auf den Glockenturm, die Fenster und Türen neu geschaffet …". Allerdings wird ein romanischer Vorgängerbau bereits in der ersten Hälfte des 13. Jahrhunderts vermutet; offenbar mit Lehmwänden. In den kirchlichen Unterlagen ist nämlich jedes Jahr regelmäßig eine Ausgabe für das sogenannte Wellern der Wände eingetragen. Die Wetterfahne trägt ursprünglich ebenfalls die Jahreszahl 1793. Auf eine später wohl nötige Reparatur verweist die jetzige „1967".

Die barocke Kirche ist aus Bruchsteinen errichtet. Das rechteckige Kirchenschiff mit je vier Längsfenstern auf der Nord- und Südseite trägt ein schiefergedecktes Walmdach. In das Schiff eingezogen ist der Westturm mit quadratischem Grundriss. In Höhe des Dachabschlusses ist dem Turm ein achteckiges Prisma mit vier großen weissen Ziffernblättern auf jeder zweiten Seite aufgesetzt, so dass die Zeit aus allen vier Himmelsrichtungen abgelesen werden kann. Bekrönt wird der Turm von einer schiefergedeckten, glockenförmig geschweiften, sogenannten Welschen Haube. Diese wird während der Renaissance und des Barocks häufig als Bedachung von Kirchen-, aber auch von Rathaustürmen verwendet. Im Turm hängen einst zwei Bronzeglocken. Eine Glocke wird wie in zahlreichen anderen Kirchen auch zu Rüstungszwecken eingeschmolzen. Die jetzige, erhaltene Glocke ist 1843 gegossen. Sie schlägt zu jeder vollen Stunde.

„Nach der Wende 1990", schreibt Pfarrer Günther Baumgarten vor Jahren im Internet, „waren grössere Reparaturarbeiten in und

an der Kirche notwendig. So bekam die Kirche (einschließlich des Turmes, d. A.) 1995 ein neues Schieferdach, 1999 wurden die Fenster und Türen saniert und 2001 renovierte man die Kirche innen. Im Jahr 2002 ließ die Gemeinde die Kirchuhr reparieren und erneuerte die Ziffernblätter. Das Verfugen des Turmes 2004 war die letzte größere Arbeit zur Erhaltung der Kirche. Von 2000 bis 2005 wurde auch der Friedhof rings um die Kirche neu gestaltet. Die Kanenaer Kirche gehört zur Gemeinde Dieskau. Alle 14 Tage findet sonntags ein Gottesdienst statt."

Das auffällig gepflegte äußere Bild findet seine Entsprechung auch im insgesamt schlichten Kircheninnern. Die vollständig erhaltene barocke Ausstattung einschließlich des Kirchengestühls darf getrost als Glücksumstand gewertet werden. Die sogenannte Hufeisen-empore ist an der Nord-, West- und Südwand angebracht. Sie ist aus Holz gefertigt, farbig gefasst und mit einer Kassettierung versehen. Auf der nach vorn auskragenden Orgelempore stellt zunächst Andreas Ludwig Zuberbier 1792 eine Orgel auf. Der spätere Dessauer Hoforgelbaumeister ist zuvor von 1770 bis 1780 in Zörbig tätig. 1898 baut Wilhelm Rühlmann eine zweimanualige Orgel auf. An anderer Stelle wird das Jahr 1913 genannt. Wie auch immer: Diese Orgel wird 1982 repariert und restauriert. Sie ist bis heute spielbar und erklingt bei Gottesdiensten und Kirchenkonzerten.

Schlicht und einfach präsentiert sich auch der Altar unter der Kanzel mit sparsamer Schnitzerei und zwei Kerzenleuchtern, die offenbar zur selben Zeit angefertigt sind wie die Taufschale. Ursprünglich sind im Mittelalter noch voluminöse Taufbecken üblich, die in der Regel ein Fassungsvermögen von 150 bis 180 Liter haben. Die Becken sind oft aufwändig und kunstvoll mit Ranken, Reliefs, Girlanden, Ornamenten oder Figuren verziert und aus Stein oder Bronze gefertigt. Im Barock geht man immer häufiger zu Taufschalen über, die lediglich ein bis zwei Liter fassen. Die vor dem Altar stehende Schale in St. Stephanus ist bedeutend älter als die Kirche selbst. Sie wird Anfang des 16. Jahrhunderts gefertigt und besteht wie die beiden Kerzenleuchter auf dem Altar aus Messing. Geschmückt ist sie mit Engelsköpfen und umlaufenden Fruchtgirlanden. In ihrer Mitte zeigt die Taufschale den heiligen Georg auf dem Pferd, bekannt als der Drachentöter.

Eine Besonderheit stellt das Auge Gottes – oder auch Allsehendes Auge beziehungsweise Auge der Vorsehung – dar. Es ist auf die Unterseite des Schalldeckels der Kanzel gemalt und von Wolken umgeben. Vom Auge selbst geht ein leuchtender Strahlenkranz aus. Über dem Schalldeckel befindet sich ein gleichseitiges Dreieck als Sinnbild der göttlichen Dreifaltigkeit. Wer sich unterhalb des Altars befindet, hat – egal, an welcher Stelle er steht – den Eindruck, von dem Auge betrachtet zu werden; eine frappierende optische Illusion. Das Symbol wird gewöhnlich als das alle Geheimnisse durchdringende Allsehende Auge Gottes interpretiert und soll die Menschen an die ewige Wachsamkeit Gottes mahnen.

*

Kaum bekannt sein dürfte, dass Kanena im 18. Jahrhundert eine beachtliche Rolle in der Seidenraupenzucht und dem Anbau von Maulbeerbäumen spielt. 1744 verpflichtet Friedrich der Große die Franckeschen Stiftungen zur Seidenraupenzucht. 1750 beginnt die Anpflanzung der Bäume in Kanena. Ein Jahr später zählt man schon 3220 Bäume auf vier Morgen Land. 1756 sind es gar 7055 Bäume. Allerdings bescheinigt der König den Kanenaern, „dass man dorten solchen Bau noch nicht recht verstehet, noch ihn völlig zu tractieren weiß". Lediglich eineinhalb Pfund Kokons erbringt die erste Ernte 1752. Trotzdem wird die Raupenzucht und Blätterernte knapp zwei Jahrzehnte lang betrieben. Dann geht die Zucht kontinuierlich zurück. Der Boden eignet sich wohl kaum noch für Maulbeerbäume. 1805 – nach 55 Jahren – werden Ernte und Zucht eingestellt. Künftig betreibt man Obstbau.

Kösseln

Im Wonnemonat Mai suche ich in der kleinen Gemeinde Kösseln die Kirche auf. Sie steht inmitten des Friedhofs. Schwarz glänzt der schiefergedeckte Spitzhelm im herrlichsten Sonnenschein. Der achteckige Aufsatz ist neu verputzt. In der Wetterfahne meine ich die Jahreszahl 1998 zu entziffern. Das Dach ist knapp zur Hälfte rot eingedeckt, die restliche Fläche bedecken sogenannte Biberschwänze. Mehrere Blitzableiter sind relativ neu. Nachträglich an die einschiffige rechteckige Dorfkirche angefügt sind der südliche Eingangsbau, von dem eine Treppe zur Empore führt, der nördliche Fachwerkanbau mit einer zweiten Treppe ebenfalls zur Emporenebene sowie drittens der Sakristei-Anbau, der vor dem Ostgiebel des Chores steht.

Am angebauten Eingang der Kirche lese ich: „Schmecket und sehet wie freundlich der Herr ist", darunter ein verwittertes Kreuz. Über einer verschlossenen Tür ist der zweite Spruch „Das Wort unseres Gottes bleibet ewiglich" gut lesbar. Schließlich mahnen über einer weiteren, ebenfalls verschlossenen Tür die Worte: „Wachet allezeit und betet."

Beim Nähertreten ernüchtert der Blick durch ein glasloses, lückenhaft zugemauertes Fenster im Turm. Drinnen erkenne ich eingestaubte Holzbänke, deren Lehnen geschnitzt sind. Im Anbau stehen Holzstühle und ein Klavier. Alles scheint in einen längeren Dornröschenschlaf gefallen zu sein. Der Giebel ist beschädigt. Überall zeigen sich Risse im Mauerwerk. Eine der beiden ins Innere führenden Treppen endet etwa 1,50 Meter über dem Erdboden. Ein rot-weißes Absperrband mahnt zur Vorsicht. Seit 40 Jahren, erfahre ich im Gespräch mit Friedhofsbesuchern, wird die Kirche nicht mehr genutzt. Sie ist aus bautechnischen Gründen gesperrt.

Normalerweise ist heute jedes Kirchenschiff mit einem Ringanker aus Beton gesichert. Damit werden ein Wegbrechen der Wände nach außen und ein drohendes Herabstürzen des Daches verhindert. In früheren Zeiten sind nach dem Hochmauern der Außenwände meist zwei starke Kanthölzer auf die Mauerkrone gelegt worden, auf die der Dachstuhl seine Last abträgt. Diese Kanthölzer bilden eine „Art Ringanker" und halten durch den Druck die Mauerkrone. Sie scheinen jedoch vermodert zu sein und damit ihre Aufgabe nicht mehr erfüllen. Die Schubkräfte des Dachstuhls können nicht mehr aufgenommen werden. Der Dachstuhl sackt ab und schiebt die Wände gefährlich nach außen. Eine dringende Reparatur ist bitter nötig. Außen abstützende Balken sollen Schlimmeres verhindern. Eine Besichtigung kann aus versicherungstechnischen und gesundheitlichen Gründen gegenwärtig leider nicht stattfinden.

Der Innenraum des Kösselner Gotteshauses wird geprägt von einem Kanzelaltar, einer Hufeisenempore und einer gewölbten, verputzten Holzdecke. Den Übergang von der Decke zur Außenwand bildet ein großes farbiges Gesims. Generell ist die Holzausstattung der Kirche sehr farbenfroh gestaltet. Experten schätzen diese reiche Farbfassung als eine Besonderheit dörflicher Kirchbaukunst!

Die Gemeindeglieder gehören seit langem zur Kirchengemeinde Löbejün und werden vom dortigen Pfarramt betreut. Die Zahl der aktiven evangelischen Christen in Kösseln kann inzwischen an den Fingern beider Hände abgelesen werden. Das Interesse für die örtliche Kirche schwindet. Damit wird es sich künftig immer problematischer gestalten, die Kirche in allen Teilen zu erhalten. Zahlreiche Bemühungen um Fördermittel zur Sicherung des Sakralbaus hat es in den zurückliegenden Jahren gegeben. Aus Löbejün und Plötz kommt Hilfe, auch durch Mitglieder von Vereinen wie dem Plötz-Kösselner Kultur- und Heimatfreunde „Glück Auf" e. V., die Bürgermeisterin unterstützt das Bestreben, kirchliches und auch gemeindliches Leben zu entwickeln. Um dringend benötigte Fördermittel zu erhalten, bedarf es jedoch der Vorlage schlüssiger, breit angelegter Nutzungs- beziehungsweise

Nachnutzungskonzepte. Eine gottesdienstliche Nutzung allein reicht den Mittelgebern nicht aus. Leider gibt es außer der Lotto Toto GmbH Sachsen-Anhalt und der kirchlichen Stiftung KiBa, von der im Jahr 2010 für Maurer-, Zimmerer- und Klempnerarbeiten sowie Schwammbekämpfung 14 500 Euro bewilligt werden, keine weiteren finanziellen Unterstützer. Ein großes Sanierungskonzept ist seit 2008 geplant. Es muss jedoch nach vier Jahren 2012 ad acta gelegt werden. Der Grund: Es ist kein Geld vorhanden, nicht einmal zur Sicherung des Gebäudes vor Einsturz.

Einen möglichen Verkauf der Kirche hat bisher niemand angedacht. Es gibt diesbezüglich bisher auch keine Gespräche in der Kirchengemeinde. Ein Kirchengebäude zu verkaufen ist immer eine heikle Angelegenheit. In Kösseln käme hinzu, dass die Kirche auf einem Friedhof steht. Da ist eine private Nutzung eventuell als Wohnhaus ohnehin anzufragen. Der Friedhof ist gerade von der Kommune übernommen worden. Eine Schließung, egal ob nach 25 Jahren Ruhezeit der Gräber oder erst in 50 Jahren steht nicht zur Diskussion. Vielmehr wird die Kirchengemeinde alles versuchen, das Gebäude zu sichern und vor dem Einsturz zu bewahren.

Trotz des – ich nenne es mal so – zwischenzeitlichen Scheiterns, aber auch wegen des Kämpfens und Hoffens lässt mich der Gedanke nicht los, dass eine Lösung möglich ist; eben, weil anderenorts ähnliche Situationen nicht nur einmal zu überraschenden und erfreulichen Wendungen geführt haben …

Kösseln wird 1156 erstmals urkundlich als Cozie erwähnt, als Konrad I. dem Kloster Lauterberg (Petersberg) im Jahre 1156 zwei Hufen in Pellice überließ. Kösseln gehört heute neben den Dörfern Ober- und Unterplötz zur Gemeinde Plötz. Die Orte sind einst dem Rittergut Ostrau schriftsässig, nach Kösseln gepfarrt, der Friedhof befand sich in Ostrau. Die Fuhne bildet die Grenze zu Anhalt. Bis 1815 gehören die Orte zum Kurfürstentum Sachsen. In Folge des Wiener Abkommens kommen sie 1816 zum preußischen Herzogtum Sachsen und damit zur Provinz Sachsen. Heute ist Plötz ein Ortsteil der neuen Doppelstadt Wettin-Löbejün. Die

Geschichte der Gemeinde Plötz und damit auch der Region ist seit Jahrhunderten mit dem Steinkohlenbergbau verbunden. Seit dem 14. Jahrhundert wird in diesem Revier Steinkohle abgebaut. Die Grube Plötz liefert allein von 1856 bis zur Stilllegung 1967 rund vier Millionen Tonnen Steinkohle. Zeugnis der Bergbautätigkeit ist die weithin sichtbare markante Spitzkegelhalde, die auch 45 Jahre nach dem Ende der Steinkohleförderung an die Bergbautradition des relativ kleinen Reviers Plötz-Wettin-Löbejün erinnert, die nach 585 Jahren endet.

Krimpe

„1732 errichteter schlichter Bau auf rechteckigem Grundriß, mit eingezogenem Chor, das Walmdach mit Turmaufsatz" – so wird auf dreieinhalb Zeilen Schmalsatz die Kirche von Krimpe im „Denkmalverzeichnis Sachsen-Anhalt Saalkreis" charakterisiert. Mehr ist nicht zu erfahren, weder in Lexika noch in weiterführender Literatur, auch nicht im Internet oder von Einwohnern. Nichts!

Also mache ich mich auf, um vor Ort vielleicht mehr zu erfahren. Am 18. Mai 2009 stehen die Pfingstrosen in Krimpe in voller Blüte. Es ist ein sonniger Tag, als ich von Schochwitz kommend, den kleinen gepflegten Friedhof betrete. Die ungewöhnliche, ebenfalls kleine Kirche ist auf den ersten Blick gewöhnungsbedürftig. Sie hat keinen Turm. Dafür thront außermittig ein Dachreiter auf dem Walmdach des barocken Gotteshauses. Das Dach ist mit roten Ziegeln gedeckt. Der Dachreiter ist völlig verschiefert. Die Fassade zeigt schadhafte Stellen. Neben der neuen verschlossenen Tür ist ein Denkmalschutz-Zeichen befestigt. Über der Tür steht die Jahreszahl 1732 …

Am 6. November 2011 bin ich erneut in Krimpe. Diesmal will ich am Gottesdienst teilnehmen. Beim Näherkommen stelle ich erfreut fest, dass die Fassade rundum geputzt ist. Die Restaurierung erfolgt in kleinen Schritten durch Mitglieder der Kirchengemeinde, freiwillig und ohne finanzielle Vergütung. Eine große Hilfe sind zwei Maurer, die bereits bei der Restaurierung anderer Kirchen Erfahrungen gesammelt haben. Das kommt ihnen hier zugute. Die hölzerne, diesmal weit geöffnete Tür lädt zum Nähertreten ein. Die Fenster rechts und links neben dem Eingang, erfahre ich, sollen restauriert werden. Das Kircheninnere beschränkt sich auf einen eher schmucklosen hölzernen Kanzelaltar mit einer metallenen Taufschale rechts daneben. Sie liegt auf einem runden Untersatz, der mit rotem Tuch umhüllt ist. In die Schale sind Ranken und Blätter getrieben. Eine Jahreszahl oder ein Hinweis auf Herkunft oder Stifter fehlt.

Dem Altar gegenüber befindet sich eine hölzerne Empore. Eine Orgel steht hier nicht. Im Innern des Turmaufsatzes auf dem Dach hängt eine Glocke. Ich erreiche sie über eine Holzleiter. Anhaltspunkte auf die Herkunft oder den Glockengießer entdecke ich nicht. Das Gestühl im Kirchenschiff ist vorübergehend entfernt. Es soll restauriert werden. Die Gottesdienstbesucher sitzen gegenwärtig auf Stühlen.

Krimpe, das 1322 als Crumpe erwähnt wird, gehört zum Pfarrbereich Bennstedt-Schochwitz mit insgesamt neun Gemeinden: Beesenstedt, Bennstedt, Fienstedt, Gorsleben, Köchstedt, Köllme, Krimpe, Langenbogen und Schochwitz. Pfarrer Heiner Urmoneit hält den Gottesdienst ab. Er ist für alle neun Gemeinden zuständig. Der Gottesdienst findet in der kleinen Gemeinde Köllme in aller Regel einmal im Monat statt. Dann ruft die mit dem Handseil gezogene Glocke zur Andacht.

Auf der Rückseite des Kanzelaltars gibt eine Inschrift Auskunft über die letzte malermäßige Instandsetzung. „Möge Gott es erhalten, gemacht 1963 von dem Malergesellen H. W. Kaminsky." Hans Werner Kaminsky ist der Vater von Axel Kaminsky, der seit etwa zwanzig Jahren regelmäßig zum Gottesdienst das Seil zieht und die Glocke ertönen lässt …

Da ich nun einmal in Krimpe bin und von den „Vierersteinen" gehört und gelesen hatte, will ich mehr erfahren über diese rätselhaften Kultsteine aus der Steinzeit. Gleich mehrere Einwohner können über die Sage, die Steine und den Standort der Menhire Auskunft geben. Also mache ich mich auf den Weg in Richtung Höhnstedt und komme an den Kreuzweg, dessen rechter Abzweig nach Räther führt. Hier stehen linker Hand unter einer Linde unübersehbar die sagenhaften aufgerichteten Vierersteine. Ursprünglich waren es sechs. Inzwischen muss man sogar den vierten aufmerksam suchen. Bereits 1828 sind die Steine dokumentiert.

„Wenn man nähmlich von Krimpe nach Höhnstedt geht," schreibt im Jahre 1896 der Lehrer und Historiker Hermann Größler (1840-1910) in den „Neujahrsblättern", „so sieht man da … vier Kieselinge aus der Erde hervorragen, in deren einen eine Menge Nägel eingeschlagen sind". Es sollen mindestens 125 sein. Eine Tafel „Archäologisches Denkmal – Wanderweg Saalkreis 3/6" verweist mit erläuterndem Text auf die Menhire, nachzulesen im Internet unter www.archlsa.de.

Der Architekt Georg Kutzke meint im Jahre 1940 in einem Beitrag für die „Monatshefte für Gemanenkunde", es könne dem aufmerksamen Betrachter nicht entgehen, „dass dieser Kreuzweg mit seinen vier etwa 1 km langen Kreuzarmen innerhalb des weit ausgespannten Kartenbildes etwas Einmaliges und daß dieses Kreuz vielleicht nach den Himmelsrichtungen ‚geortet' ist". Bei den Steinen handelt es sich um Quarzite oder auch Braunkohlensandsteine. Sie verfügen „häufig über tief in den Stein hineinführende Porengänge, die … angeblich bei Gewitterneigung erweichen, so daß unverstählte Nägel, also Hufeisennägel in sie hineingetrieben werden können".

Gleich drei Sagen ranken sich um die Menhire. So soll bei Tauwetter ein Kutscher im aufgeweichten Boden steckengeblieben sein. Als die Pferde immer tiefer in den Morast einsanken, habe er die Geduld verloren und sich und die Tiere fluchend zu Stein gewünscht. Augenblicklich verwandelten sich Pferde, Kutscher und Wagen. Diese Stelle passierende Wanderer sollen angeblich „zuweilen ein Brausen, Schreien und Schnauben" hören.

Eine weitere Sage berichtet von einem fürchterlichen Hund mit glühenden Augen, der nachts vorübergehende Wanderer verfolgt.

Schließlich erzählt die dritte Sage, „daß unter den Steinen der gute Lubbe begraben sein soll, den man für eine slawische

Gottheit hält". Der gute Lubbe – oder die gute Lubbe(?) – ist eine vorchristliche Sagengestalt, die noch in christlicher Zeit durch Wallfahrten geehrt wurde.

Helf er sich – die Steine können auch zur Bestimmung von Kalenderdaten gedient haben. Unter www.suehnekreuz.de findet sich dazu folgende interessante Anmerkung: „Die Visierlinie über beide Steine entspricht dem Sonnenaufgang am 6. April und am 6. Sept. In Richtung des Weges ist Sonnenaufgang etwa am 7. März und 5. Oktober. Die Winkelhalbierende zwischen beiden Linien entspricht ziemlich genau der Ostrichtung und damit dem Sonnenaufgang zur Tag- und Nachtgleiche."

Wieso kommt mir gerade jetzt die Himmelsscheibe von Nebra in den Sinn …?

Übrigens passiert, wer den Abzweig nach Räther nutzt und von dort auf dem Lutherweg nach Höhnstedt wandert, an dem ansteigenden Weg rechts nach etwa 300 Metern ein weiteres Schild „Wanderweg Saalkreis 3/7" und den Menhir „Langer Stein", in den ebenfalls Nägel geschlagen sind. Auf dem Schild steht: „Die Bedeutung der in den Stein von Räther eingehauenen Nägel wurzelt in der Magie und zielt auf das Festhalten und Bannen von Krankheiten usw. Bekannt ist auch die Nagelprobe als Gottesurteil".

Langenbogen

Es ist einer der wunderbar warmen sonnigen Herbsttage, der für den weitgehend ausgefallenen Sommer des Jahres 2011 entschädigt. Von Höhnstedt kommend, fahre ich auf Langenbogen zu. Während ich noch sinniere, wie viele einstige Hallenser wohl in dem neuen Wohngebiet „Eisleber Breite" rechts der Straße eine neue Heimat gefunden haben, „wächst" linkerhand hinter dem ansteigenden Gelände plötzlich ein Kirchturm aus dem Boden. Wenige hundert Meter weiter lädt ein Schild „Offene Kirche" zum Besuch der Dorfkirche St. Magdalenen ein. Drinnen treffe ich auf eine ältere Frau, die sich die Auslagen in der Vitrine und auf den Tischen betrachtet. „In dieser Kirche wurde ich konfirmiert", verrät sie mir und fügt leise hinzu: „Seitdem war ich nie wieder hier." Ich mutmaße, dass sie schon vor Jahrzehnten weggezogen sei, weit weg. „Nein, nein. Ich wohne immer noch in Langenbogen. Ich wollte ja immer mal in die Kirche gehen. Aber ich habe mich einfach nicht getraut." Nun scheint der Bann gebrochen …

Langenbogen wird 1205 erstmals erwähnt. Andere Quellen datieren die Ersterwähnung bereits 1155 als Langeboie. Der Name leitet sich wohl von einem „langen Bogen" her, einer Biegung. Hier befand sich das Dorf bis ins 15. Jahrhundert – auf dem sogenannten Sporn. Nahe beim Ort stand bis 1433 die Burg Langenbogen. Hier hatten die Herren von Langenbogen ihren Sitz, Angehörige eines „niederen Dienstadelsgeschlechts". Sie werden ebenfalls bereits 1155 erwähnt. Die Anhöhen und Hügel in der Gemeinde nennt man Flegelsberg, Pfingstberg, Lausehügel, Dachsberg, Karnickelberg oder Schachtberg.

Die Dorfkirche St. Magdalena oder Magdalenen wird am 1. Dezember 1826 mit einem Festgottesdienst feierlich eingeweiht. Superintendent Tiemann aus Halle schreibt über dieses Ereignis: „Am gestrigen Sonntag wurde … die durch das landesväterliche

Wohltun Sr. Königl. Majestät neu erbaute Kirche zu Langenbogen feierlich eingeweiht." Den gesamten Artikel veröffentlicht das „Hallische Patriotische Wochenblatt" am 4. Dezember 1826. Das neue Gotteshaus gelte „besonders wegen seiner inneren Einrichtung als ein Muster edler Einfachheit". Auffallend und einprägend sind die großen Kirchenfenster mit klassizistischer Fenstergliederung sowie die Emporen an der West- und Nordseite.

Der gotische Vorgängerbau von 1481 war 1808 oder 1809 in sich zusammengestürzt, „eines Sonntags (glücklicherweise, d. A.) nach Beendigung des Gottesdienstes", heißt es in einem Text vom 10. November 1875, der beim Öffnen des Turmknopfes gefunden wurde. Es sei „ein altes Gebäude mit einem Altare, von welchem sich die Nachricht findet, dass er 1481 … eingeweiht worden sei", lesen wir in Johann Christoph von Dreyhaupts (1699-1768) „Beschreibung des Saalkreises". Die beiden Kirchenglocken von 1503 beziehungsweise 1652 werden zum Glück nicht beschädigt und können geborgen werden. Allerdings werden die Gottesdienste nunmehr notgedrungen in der Schule, in einer Scheune oder gar unter freiem Himmel auf dem Gottesacker abgehalten. Einen Kirchenneubau kann sich die arme Gemeinde nicht leisten, die fast auschließlich aus Bergleuten und gemeinen Tagelöhnern besteht, „welche", wie Landrat von Kerstenbrock in einem Brief an die königliche Regierung in Merseburg schreibt, „zu einer Kostenübernahme durchaus unvermögend sind". Vorausgegangen ist ein regelrechter Bettelbrief des Langenbogener Dorfschulzen Christoph Beßler direkt an Preußens König Friedrich Wilhelm III. in Berlin.

Kurzum: der Stein war ins Rollen gebracht. Am 1. Dezember 1824 teilt das Ministerium der geistlichen und Unterrichtsangelegenheiten die Bewilligung zu einer landesweiten Kollekte in der gesamten preußischen Provinz Sachsen mit. Sie erbringt die beachtliche Summe von 1955 Couranttalern. Insgesamt stehen 2276 zur Verfügung. Benötigt werden laut Gesamtrechnung vom 12. Januar 1827 lediglich 1768 Taler. Der Überschuss von 508 Talern kann in einen Kirchenfonds für weitere Kirchenbauten eingezahlt werden.

Der Entwurf für den Neubau des Langenbogener Gotteshauses wird von der „Königlich Technischen Ober-Bau-Deputation zu Berlin" vergeben. Die Entwurfszeichnung eines Bau-Inspektors namens Flachmann aus Ammendorf verwirft man allerdings wegen „geringer Höhe, Einteilung und Anordnung der Fenster sowie der inneren Einrichtung". Zu den Behördenbeamten der Ober-Bau-Deputation zählt seit 1810 als „Oberbau-Assessor" kein geringerer als der Architekt, Maler, Bühnenbildner und Denkmalpfleger Karl Friedrich Schinkel (1781-1841), der bedeutendste preußische Architekt des 19. Jahrhunderts. Er entwirft nun 1825 im Auftrag König Friedrich Wilhelms III. den Prototyp einer landesweiten Einheitskirche, der von der Gestaltung und im Kosten-Nutzen-Verhältnis dem König so gut gefällt, dass er ihn im königlichen Ordre, dem „Normalkirchenerlass" zum Vorbild aller evangelischen Kleinkirchen in Preußen bestimmt.

Das Langenbogener Kirchenschiff ist eine der allerersten „Normalkirchen im Rundbogenstil" – quasi eine Synthese von Klassizismus und Romantik. Der neoromanische Westturm mit Rundbogenportal wird erst 1875 angebaut.

Ein besonderes und wertvolles Kleinod barocker Orgelbaukunst ist die kleine zierliche Königin der Instrumente, die 1826 in die Westempore von St. Magdalenen eingebaut wird. Einhellige Meinung der Fachleute: hier in Langenbogen befindet sich „ein seltenes und besonders wertvolles Instrument, dessen alter Klangcharakter sich trotz der vermutlich wechselvollen Geschichte gut erhalten hat".

Dieser Geschichte der ältesten noch spielbaren Orgel im historischen Saalkreis nachzugehen, ist das Anliegen des 2001 gegründeten Fördervereins Langenbogener Barockorgel e. V. Vereinsziel in dessen Gründungsjahr ist die schließliche Spielbarkeit der Orgel. Allerdings ist vor zehn Jahren weder der Erbauer noch das Baujahr dieser einzigartigen Kostbarkeit bekannt. Den entscheidenden Hinweis gibt ein Fund bei den Restaurierungsarbeiten. An der Windlade klebt ein Zettel mit dem handschriftlichen Text: „Diese Orgel ist von mir, Unterschreibenden, im Jahr Christ 1735 auf der hiesigen Gemeinde freiwilligermaßen gefertiget und aufgeführt. Soviel habe ich den Nachfolgern hinterlassen wollen. George Theodorius Kloße, Hoforgelbauer in Weißenfels". Da die Orgel jedoch erst 1826 vom halleschen Orgelbaumeister Johann Gottfried Kurtze an die Gemeinde Langenbogen verkauft wird, ist bisher nicht nachgewiesen, wo das Orgelwerk in der Zwischenzeit gestanden hat.

Über den vermutlich um 1700 geborenen Georg Theodor Kloß – in andere Texten wird er Kloss oder Klose geschrieben – ist wenig bekannt. Die meisten Quellen bezeichnen ihn – wie er sich ja übrigens auch selbst – Weißenfelser Hoforgelbauer. Nachweisbar sind einige wenige Wirkungsstätten vorrangig im Herzogtum Sachsen-Weißenfels: in Schellsitz bei Naumburg, in Jüterbog, Beetzendorf, Frohburg bei Geithain, Altranstädt oder in Dehlitz bei Weißenfels. Letztgenannte Orgel wird 1972 mit dem Abriss des Kirchenschiffes und des Turmes wegen Baufälligkeit beseitigt. Die Barockorgel in Langenbogen ist das offenbar einzige noch erhaltene Instrument von Kloß.

1949 finden Instandsetzungsarbeiten an der Orgel statt. Darauf verweist eine Notiz im Blasebalg. „Die Orgel wurde Ende des Jahres 1949 von Orgelbaumeister Ja ... Halle-Saale überholt", schreibt Orgelbaumeister Friedrich Jandeck aus Halle.

„Das innere Werk ist stark verschmutzt ... Viele Pfeifen sprechen nicht mehr richtig an ... Starker Holzwurmbefall verursachte Schäden an den hölzernen Windladen und den hölzernen Orgelpfeifen, die beim Spielen nicht zu überhören sind ... Leckstellen des Kirchendaches führten über Jahrzehnte zu Wasserschäden an allen hölzernen Elementen ..." heißt es später rückblickend in einer Informationsbroschüre des Vereins. Dank der Initiative und des unermüdlichen Engagements der Kirchengemeinde und mit bereitgestellten Fördermitteln können 1995 die Turmspitze und das Kirchendach neu eingedeckt werden. Die hölzernen Schallluken des Turmes in Höhe der Glocken werden 2001 erneuert, 2004 die Fenster der Südseite. Im selben Jahr erfolgen die Instandsetzung des Kirchenraumes und die Restaurierung der Kirchenbänke. Die Beleuchtung wird erneuert. In den Jahren 2007 und 2008 werden Teile des Außenmauerwerkes saniert.

Am 31. Oktober 2003 wird der Orgelbaufirma Ekkehart Groß aus Waditz bei Bautzen der Auftrag zur Restaurierung der Barockorgel erteilt. Die Kosten belaufen sich auf etwa 60 000 Euro. Die Hälfte bringen Konzertbesucher, private Spender und ortsansässige wie regionale Unternehmen auf. Gefördert wird das Vorhaben durch das Land Sachsen-Anhalt, die Evangelische Kirche der Kirchenprovinz Sachsen und die Evangelische Kirche der Union. Auf den Tag genau sechs Monate später – am 31. Mai 2004 – findet die festliche Orgelweihe mit 529 Pfeifen statt. Die größte Orgelpfeife wird – einer uralten Orgelbautradition folgend – dem Orgelbaumeister mit Wein gefüllt als Dank überreicht. In die Langenbogener Pfeife passen immerhin 50 Liter! Gesponsert wird der Wein von der Höhnstedter Weingut und Obstproduktion GmbH.

Auf der Haben-Seite des Vereins steht jährlich Anfang September ein „Langenbogener Orgelfest" mit unterschiedlichen Angeboten über einen ganzen Tag, Ausstellung, Vortrag, Orgelkonzert und Theateraufführung. Bis Ende 2011 sind es 77 Benefizkonzerte, die der Förderverein in seinem zehnjährigen Bestehen organisiert. Durch die Konzerte gibt es in Langenbogen und Umgebung mittlerweile eine große Konzertgemeinde; die Musiker freuen sich stets über das zu begeisternde Publikum und die gut besetzte Kirche. Die Gemeinde ist in den zurückliegenden Jahren mehrmals Gastgeber von Sonderkonzerten des Internationalen Kinderchorfestivals Halle und über mehrere Jahre Festspielort des Rahmenprogramms der halleschen Händel-Festspiele. Musiker des Philharmonischen Staatsorchesters, die Organisten Peter Burkhardt, Matthias Eisenberg, Michael Schönheit und Martin Stephan gastieren ebenso wie die nt-Schauspieler Barbara Zinn, Karl-Fred Müller und Andreas Range und Schüler der Musikschulen Halles und des Saalkreises und zahlreiche Chöre und und und …

Über dem Eingang der Kirche prangt seit dem zehnten Vereins-geburtstag eine Plakette „Straße der Musik", die in Würdigung der Musikförderung an den Verein verliehen wurde. Aktuell hat der Förderverein 80 Mitglieder.

Lettewitz

Lettewitz ist „ein echtes, schlechtes Bauerndorf: kein Fabrikschlot quält unser Auge, kein Fabrikpfiff unser Ohr", schreibt Schultze-Galléra, „keine Arbeiter ziehen in Scharen in die Fabrik, dort Maschinen zu werden, keine Arbeiterinnen verbrauchen in der Stickluft ihre besten körperlichen und seelischen Kräfte". Die Schilderung könnte noch heute zu Papier gebracht werden. Weder Fabriken noch deren Schlote grüßen den Besucher. 1156 – eine andere Quelle nennt das Jahr 1176 – wird Lettewitz erstmals als Lectewice erwähnt. Im Jahre 1206 heißt Lettewitz – eine ehemals slawische Siedlung an einem Quellteich – in der Chronik des Petersberges „Lethuiz". Von 1370 bis 1400 sind Leczquicz, Lethkewitz, Letzkitz, Ledekewitz, Letquitz, schließlich Loquicz, Lettuwitz und schließlich Lettwitz belegt.

Die Kirche, ein einschiffiger Bruchsteinbau mit einem markanten Westquerturm, ist im Kern im 12. Jahrhundert erbaut und wird im 18. Jahrhundert umgebaut. Im romanischen Turm befindet sich ein Grabgewölbe. Die Turmecken haben Quaderung. Das wesentlich jüngere Schiff mit geradem Ostabschluss ist später angebaut. Und hier offenbart sich der gegenwärtige, bedenkliche Zustand. Obwohl der Turm einst mehrfach mit dem Schiff verzahnt wird, ist er in Bewegung geraten und hat sich – optisch sichtbar sowohl innen als auch außen – vom Kirchenschiff um mehrere Zentimeter entfernt. Auch wenn noch eher scherzhaft vom zweiten schiefen Turm von Pisa die Rede ist, werden allzu Neugierige durch aufgestellte Gitter in gebührendem Abstand gehalten.

Im Inneren offenbaren Wände und Tonnendecke Einregnungs- und Nässeschäden. Die Orgel im mittleren Bereich der Hufeisenempore ist noch vorhanden. Auf der Brüstung liegt ein Liederzettel „Konfirmations-Gottesdienst Pfingstsonntag 19. Mai 2002 Kirche zu Lettewitz". Offenbar ist die Orgel zu diesem Pfingstfest noch spielbar. Vor allem wegen der Feuchtigkeit, aber auch durch sichtbar fortgeschrittene Holzschäden wird sie seit einiger Zeit nicht mehr gespielt.

Trotzdem präsentiert sich das Gotteshaus noch immer in einer morbiden Schönheit. Im Eingangsbereich steht eine Sandsteintaufe, „Gew. v. d. Fam. Paul Tornau 1911". Die Empore ist vollständig erhalten und in einem vergleichsweise gutem Zustand. Im mittleren Teil unter der Orgel halten drei Engel ein ovales Schild mit der Aufschrift „Wache auff meine Ehre wache auff – Psalter und Harfen – Frühe will ich aufwachen". Links und rechts stehen in jeweils zwei Emporenfeldern die Psalmen „Einen andern Grund kann niemand legen außer dem der gelegt ist welcher ist Jesus Christus" (1. Kor. 3 11), „Seid Täter des Worts und nicht Hörer allein dadurch ihr euch selbst betrüget" (Jak. 1 22), „Gerechtigkeit erhöhet ein Volck aber die Sünde ist der Leute Verderben" (Sprüche 14 34) und „So ihr den Menschen ihre Fehler vergebet so wird euch euer himmlischer Vater auch vergeben" (Matth. 6 14).

Bemerkenswert ist der ebenfalls gut erhaltene Kanzelaltar mit zwei hölzernen Frauenfiguren rechts und links der Kanzel und einem filigran ausgearbeiteten metallenen Christuskreuz auf dem Altartisch, an dessen Fuß die Abendmahlszene dargestellt ist. Die Bleiglasfenster in den Wänden rechts und links vom Altar sind nach der Wende restauriert worden. Sie zeigen im linken Fenster D. M. LUTHER und PH MELANCHTHON, im Fenster gegenüber ST. PAULUS und ST. PETRUS. Beide Fenster sind, so steht am unteren Rand zu lesen, „GESTIFTET VON FAMILIE TH UND M LINEKAMPF 1911".

Offenbar findet im Jahre 1911 eine umfassende Restaurierung der Kirche statt, denn auch der bereits erwähnte Taufstein wird ebenfalls 1911 gestiftet.

Einst hatte die Kirche drei Glocken, „die Kleinste", schreibt Schultze-Galléra, „entstammte noch dem 13. Jahrhundert, die

Mittlere war 1606 in Halle von Lorenz Richter gegossen, sie hatte die Aufschrift: ‚Mein Name ist Anna Maria'. In den Glocken sah das Volk mitfühlende Wesen, rief sie mit Namen an. Die größte Glocke (1,05 Meter Durchmesser) war 1584 von Eckard Kücher in Erfurt gegossen; er war ein bekannter Glockengießer dieser Zeit, der auch in Könnern goß (so die Glocke von Löbnitz 1584). In Zscherben (1590), Quetz und anderen Orten werden Glocken von ihm erwähnt. Nur diese letzte Erfurter Glocke ist jetzt noch vorhanden, die beiden anderen sind 1912 durch neue ersetzt worden."

Heute schweigt die Glocke. Die Uhr geht nicht mehr …

Lettin

Der Schulmeister in Lettin bekam im Jahr 1755 „für Glocken und Zeiger schmieren" 15 Groschen, vier Groschen für „das Kirchegeschirr zu waschen". Das Lettinische Armenhaus erhielt im erwähnten Jahr drei Thaler. Diese und viele andere Angaben über die Ausgabepraxis finden sich zuhauf beim Blättern in alten Kirchenbüchern. Die größte Ausgabe im Zeitraum zwischen 1751 und 1791 betraf nach den vorhandenen, im übrigen sehr akribisch geführten Unterlagen den Umbau des Pfarrhauses und der Scheune in den Jahren 1755 und 1756. Die insgesamt verausgabten 639 Thaler teilten sich auf in 325 Thaler für Baumaterial und 314 Thaler, die als Lohn gezahlt wurden. Weitere Angaben betreffen den zu zahlenden Zins, Begräbnisse und Todesursachen, Eheschließungen, Geburten und Tierhaltung sowie Wetterunbilden.

Abgesehen von den vielen Zahlen und Themen zeichnen die Kirchenbücher ein recht genaues Sittenbild der damaligen Zeit und enthalten eine große Fülle von Informationen. Etliche Jahrhunderte zuvor ist eine slawische Siedlung entstanden. Im 9. Jahrhundert errichten die Franken hier ein strategisch wichtiges Kastell namens „Liudene". Erstmals urkundlich erwähnt wird der jetzige, am Ufer der Saale gelegene Stadtteil im Nordwesten von Halle in einem zwischen 881 und 899 entstandenen Verzeichnis des Zehnten des Klosters Hersfeld. Da ist Lettin als zehntpflichtiger Ort Liudineburg im Friesenfeld dokumentiert. Das Friesenfeld war ein Gau, das sich auch über das südliche Sachsen-Anhalt etwa im Gebiet zwischen Allstedt und Merseburg erstreckte. Benannt wurde es nach den Friesen, die sich hier als Kolonisten ansiedelten.

An Stelle des heutigen Gotteshauses steht ursprünglich eine hölzerne Kirche. Wann sie erbaut wird, ist nicht mehr feststellbar.

Die romanische Kirche St. Wenzel, benannt nach dem Heiligen Wenzel (903 bis etwa 929 oder 935), wird um 1150 errichtet. „Sie ist aus gelblichen Kalksteinschichten", schreibt Sigmar von Schultze-Galléra in seinen „Wanderungen durch den Saalkreis", „die sorgsam gelagert sind, emporgeführt, in der jüngeren Verlängerung des Kirchenschiffes ist auch Porphyr benutzt." Christianisierte Slawen erwählen den sehr frommen böhmischen Herzog, der von seinem Bruder Boleslav I. ermordet wird, zu ihrem Schutzpatron. Noch im 10. Jahrhundert erfolgt seine Heiligsprechung.

Beim Betreten der Kirche erblickt man auf der gegenüberliegenden Seite zwischen zwei Fenstern eine farbige Holzplastik aus der Spätgotik. Sie zeigt den Heiligen Wenzel als Ritter im goldenen Panzer, begleitet vom böhmischen Wappentier, dem doppelschwänzigen Löwen; beide überdacht von einem Holzbaldachin. Die Arbeit entsteht etwa um 1500. In den 90er Jahren des 20. Jahrhunderts wird sie restauriert. Neben der Ritterplastik ist an der Südwand in Richtung Altar ein überlebensgroßes Kruzifix befestigt, entstanden etwa um 1520. Darunter hängt ein bemerkenswertes Ölgemälde, das die Auferstehung Christi thematisiert und Cranachschen Einfluss erkennen lässt. Die Entstehung dieser qualitativ höherwertigen, farblich frischen und menschlich realistisch dargestellten Arbeit eines niederländisch beeinflussten, regional ansässigen Meisters wird um 1545 datiert; Schultze-Galléra nennt das Jahr 1585. Weiter in Richtung Altar ist erhöht eine hölzerne Kanzel angebracht. Den Abschluss bildet ein ebenfalls hölzerner bemalter Baldachin. Eine Taube im Strahlenkranz auf blauem Grund symbolisiert den Heiligen Geist.

Der aufgesetzte spätgotische dreiflügelige geschnitzte Altar entsteht um 1470. Im Mittelteil steht Maria – die Mondsichelmadonna – mit dem Kind, umgeben von acht Heiligen, darunter Katharina, Margarete, Magdalena, Mauritius und Nikolaus. In den beiden Altarflügeln rechts und links des Mittelschreins sind die zwölf Jünger Jesu dargestellt. Die Altar-Rückseite ziert ein Gemälde „Verkündigung an Maria". Zuletzt wird der wertvolle

Schnitzaltar im Jahr 2011 einer gründlichen Restaurierung unterzogen. Auf dem Altar stehen zwei gestiftete Zinnleuchter von 1671. Hinter diesem befindet sich linkerhand ins Mauerwerk eingelassen eine Sakramentsnische etwa vom Ende des 15. Jahrhunderts. Verschlossen und damit gesichert ist der Schrein durch ein schmiedeeisernes Gitter. Vor dem Altar steht eine achteckige Sandsteintaufe in Kelchform. Sie stammt aus dem Jahr 1715. Zur selben Zeit – 1714 und 1715 – wird die Kirche barock umgebaut.

Die einmanualige Orgel auf der Westempore stammt von August Ferdinand Wäldner aus Halle. Er hat die „Königin der Instrumente", die zunächst gegenüber auf der Altarseite stand, 1860 gefertigt. Nach einer Restaurierung kann der Blasebalg sowohl elektrisch als auch mit Muskelkraft betrieben werden. „Sicher ist sicher", heißt es dazu in einem Heft zur Kirchengeschichte, 2004 herausgegeben vom Gemeindekirchenrat Lettin / Heide-Nord. Zur Nacht der Kirchen 2012 wird mancher Besucher über einen kleinen Zettel auf einem Regal neben der Orgel geschmunzelt haben. Er weist auf gewisse Unregelmäßigkeiten hin. „Im Manual", heißt es da, „gibt es derzeit öfter einen Heuler im C. Er verschwindet bei Betätigung der Pedalkoppel (hoffentlich)."

Überdacht wird das Kircheninnere von einer hölzernen, naturbelassenen Kassettendecke. Sie ist offenbar um 1680 eingezogen worden, als die Kirche durch einen Anbau nach Osten erweitert wurde. Von einer dreiseitigen Verlängerung erst in gotischer Zeit schreibt Schultze-Galléra. Diese Verlängerung ist deutlich zu erkennen an den gut erhaltenen Emporenmalereien, denn die Flächen der später mit der Erweiterung eingebauten Emporen tragen keine Gemälde. Die baulichen Veränderungen sind auch außen am Mauerwerk gut sichtbar.

Es wird vermutet, dass die Emporen – neben der Orgelempore befindet sich an der Nordwand eine Doppelempore – nach dem Dreißigjährigen Krieg neu eingebaut wurden. Die Gemälde – für damalige Verhältnisse wahre Kunstwerke – im hinteren und damit älteren Teil des Kirchenschiffs sind 1683 von Johannes Tobias

Kopf signiert. An der Orgelempore zeigen sechs Malereien Szenen aus dem ersten Buch Mose: Schöpfung, Sündenfall, Vertreibung aus dem Paradies, Sintflut, Untergang von Sodom und Gomorra, Abrahams Versuchung. Auf den Flächen der unteren seitlichen Empore sind neun Szenen aus dem Alten Testament dargestellt. Die oberen Emporenflächen zeigen acht Szenen aus dem Neuen Testament, die allerdings nicht von Kopf zu stammen scheinen. Es ist geplant, alle Gemälde 2013 zusammen mit der Kanzel zu restaurieren. Schultze-Galléra schreibt von „freilich mittelmäßigen biblischen Bildern".

Der weithin sichtbare Kirchturm wirkt recht trutzig und erinnert wohl auch an dessen Aufgabe, den Dorfbewohnern beim Herannahen feindlicher Heerscharen Schutz und Unterschlupf zu bieten. Mehrere Schießscharten sind heute noch auszumachen. Ursprünglich hängen im Turm drei Glocken. Zwei gehen im Zweiten Weltkrieg den Weg zahlreicher Glocken der Region: sie sollen zu Rüstungszwecken eingeschmolzen werden. Jedoch kehrt eine Glocke nach Kriegsende zurück nach Lettin. Wie eingangs erwähnt, gehörte das „Glocken und Zeiger schmieren" neben dem Treten des Blasebalgs einst oftmals zu den Aufgaben des Lehrers. Seit mehr als 50 Jahren verfügt St. Wenzel über ein elektrisches Läutwerk. Das zuverlässige Uhrwerk geht laut dem Heft der Lettiner Kirchengemeinde „sehr präzise, muss aber stetig nach 7 Tagen mit einer Handkurbel aufgezogen werden. Zu jeder halben und vollen Stunde wird die kleine Glocke angeschlagen."

Auf der Habenseite der rührigen Mitglieder des Gemeindekirchenrates und weiterer Mitarbeiter stehen unter anderem umfangreichen Restaurierungsarbeiten vor allem in den Jahren 1992 und 1993. Dabei werden das Außenmauerwerk, die Fenster, das Dach und die Schallarkaden der Kirche mit erheblichen Fördermitteln erneuert, Dachrinnen werden angebracht, Säulen und Kapitele der Turmfenster ersetzt.

Später werden die Sitzheizung unter den rustikalen Kirchenbänken sowie die Elektrik erneuert. Der Vorbau, dessen Vorderwand sich

bedrohlich wölbt und einzustürzen droht, erhält 1998 ein neues Fundament. Die Giebelwand wird erneuert, ebenso der Dachgiebel. Zudem wird das Balkenwerk in der Decke ausgebessert. Weitere Arbeiten stehen an …

Das Geleitwort der Gemeinde stammt aus dem Lukas-Evangelium: „Jesus aber sprach: 'Wem gleicht das Reich Gottes, und womit soll ich's vergleichen? – Es gleicht einem Senfkorn, das ein Mensch nahm und in seinen Garten säte; und es wuchs und wurde ein Baum, und die Vögel des Himmels wohnten in seinen Zweigen.'"

*

Übrigens: Fällt heute in Halle und Umgebung der Name Lettin, dann häufig im Zusammenhang mit Porzellan. Die Lettiner Porzellanmanufaktur „Heinrich Baensch" wird 1858 gegründet. Wegen der großen Nachfrage sichert sich diese mitteldeutsche Porzellanfabrik recht schnell Absatzmärkte im In- und Ausland. Nach dem Zweiten Weltkrieg wird 1946 die Produktion von Gebrauchskeramik wieder aufgenommen. Mehrmals kommt es in den Jahren danach zur künstlerischen Zusammenarbeit mit der Kunsthochschule „Burg Giebichenstein". 1990 wird die Produktion stillgelegt. 2008 erwerben mehrere Künstler die Markenrechte an Lettiner Porzellan und wagen einen Neuanfang mit Kleinstauflagen von exklusiven Objekten, vor allem von Künstler-Medaillen.

Lochau

Wer sich intensiver mit der Geschichte der Lochauer Kirche St. Annen beschäftigt, kann auf eine historische Handschrift stoßen, die Auskunft gibt über die „Ausgabe an Aufwand von Essen und Trinken". Da steht zu lesen, dass „13 Gulden / 6 Groschen für 1/2 Tonne Bier an die Maurer bey Verfertigung der Fensterbogen" ausgegeben wurden. Allerdings: Welches Fassungsvermögen eine halbe Tonne Bier seinerzeit hatte und inwiefern sich der genossene Gerstensaft negativ auf die Akkuratesse der Bauausführung ausgewirkt hat, darüber liegen leider keine Aufzeichnungen vor. So gibt die gewissenhafte Führung von Kirchenbüchern mitunter auch Anlass zum Schmunzeln.

Nicht schmunzeln, vielmehr ehrfürchtig staunen muss man über Karl Witte, gemeinhin in der unmittelbaren Region als Wunderkind bekannt. Immerhin promoviert der am 1. Juli 1800 geborene Lochauer bereits mit 13 Jahren in Giessen zum Dr. phil. Schon 1823 – also nur ein Jahrzehnt später – ist er außerordentlicher Professor in Breslau. Witte, dem weder ein „gefälliges Äußeres" noch „äußere Beredsamkeit" bescheinigt wird, gilt als Begründer der Deutschen Dante-Gesellschaft 1865 in Dresden. Am 6. März 1883 stirbt der Gelehrte, dessen Name Straßen in Lochau und Halle tragen, in der Saalestadt.

Vom Chronisten Dreyhaupt wird Lochau 1755 als „kleines idyllisches Dorf in der Aue" bezeichnet. Erstmals urkundlich erwähnt wird der Ort im Jahre 1161 als Glochowe. Allerdings verweisen Funde, die im Landesmuseum für Vorgeschichte in Halle lagern, auf eine Besiedlung der Ortslage bereits 4000 v. Chr. Zu den mehrfach wechselnden Bevölkerungsgruppen zählen wohl auch die Wenden. Jedenfalls deutet das slawische Glochowe, das so viel wie „Rosenaue" oder „sumpfige Niederung oder Fläche" bedeutet, auf eine vorübergehende Ansiedlung dieses slawischen Volkes hin.

Die erste Kirche in Lochau baut Wichard von Delenitz aus Döllnitz 1161 – exakt im Jahr der urkundlichen Ersterwähnung – mit Genehmigung des Erzbischofs Wichmann vom Erzstift zu Magdeburg. Als selbstständige Pfarrkirche St. Annen sind ihr die Orte Wesenitz und Morozene beigegeben. Bereits um 1400 existiert wohl eine hölzerne Kirche, die einhundert Jahre später durch einen Steinbau ersetzt wird, ausgestattet mit drei Glocken und einem bemerkenswerten Altar, jedoch ohne Orgel. 1550 verdrängt die Reformation den Katholizismus in der Region immer mehr. Schließlich wird Johann Kummer 1555 erster evangelischer Pfarrer in Lochau.

Die Chronik vermeldet im ersten Drittel des 18. Jahrhunderts mehrere Einbrüche, Diebstähle und Verwüstungen. 1730 wird das Heilige Kreuz entwendet. Bei einem erneuten Einbruch nur ein Jahr darauf werden Geld und zwei Altarkelche gestohlen. In den Jahren 1752 und 1753 erfolgt ein Teilabriss der Kirche mit anschließendem Neuaufbau. Dabei wird das Dach abgetragen und erneuert. Ebenso erfolgt eine Renovierung und Restaurierung des Kircheninnern. Der Turm wird um ein sogenanntes Oktogon aufgestockt. Im „Denkmalverzeichnis Sachsen-Anhalt – Saalkreis" des Landesamtes für Denkmalpflege heißt es dazu: „Die Kirche St. Anna ist ein Saalbau aus dem Jahre 1752 mit polygonalem Ostabschluss, Patronatsloge und einem schlanken Kirchturm mit Schweifhaube und Laterne". Insgesamt ragt der rechteckige Turm mit einer Grundfläche von 7,90 Meter x 5,40 Meter immerhin 32 Meter in die Höhe. Vom letzten großen Umbau 1752 kündet die abschließende 2,50 Meter hohe Wetterfahne. Eine Turmuhr, von Rittergutsbesitzer Hans Zimmermann finanziert, wird 1901 eingebaut. 1754 werden der Altar und die Kanzel aus Lindenholz gefertigt, der Altar 1799 durch den heutigen klassizistischen Kanzelaltar ersetzt. Bereits um 1500 soll ein erster, besonders schöner Altar existiert haben, der leider verschollen ist.

Die erste Orgel in St. Annen wird 1812 erwähnt. Die bis heute bespielbare Königin der Instrumente stammt aus dem Jahre 1874. Gespendet hat sie Hans Zimmermanns Mutter, die damalige Rittergutsbesitzerin Berggräfin Amalie Zimmermann. Der Merseburger Orgelbaumeister Friedrich Gerhardt hat die Schleifladenorgel erbaut. Deren Klang wird als „würdevoll" und „auffallend" beschrieben. Allerdings bedarf die Orgel einer dringenden Wartung und Überholung.

Seit etwa 1500 verfügt St. Annen über drei Glocken. Deren größte, 18 Zentner schwere zerspringt 1741. Sie wird rasch ersetzt. Auf dem großen Querbalken über dem Glockenstuhl steht: „Diesen Bau hatt lassen mit göttlicher hilfe Bauen der Hoch Edel gebohren Kirchen Pattron Herr Johann Friedrich Alburg zu Dieskau, erbaut 1751 und 1753 von dem Zimmer Meister Christian Andreas Schneider aus Riedeburg". 1917 fallen die beiden größeren Glocken der Rüstungsindustrie zum Opfer. 1928 existieren alle drei Glocken wieder, jedoch müssen die beiden größeren 1941 erneut der Heeresverwaltung für Kriegszwecke übergeben werden. Seitdem existiert über sieben Jahrzehnte lediglich eine kleine Glocke, bis Pfarrer Siegfried Lemke während eines festlichen Gottesdienstes unter großer Anteilnahme der Bevölkerung am 10. Juli 2011 eine zweite, 633 Kilo schwere Bronzeglocke weihen kann. Gegossen wurde sie am 3. Dezember 2010 in der über 275-jährigen Kunstguss-Glockengießerei Lauchhammer.

Als typisches Beispiel für den Dorfkirchenbau, heißt es in einem Faltblatt zum Kirchenrundgang, handelt es sich bei der St.-Annen-Kirche um eine einschiffige Hallenkirche mit dreiseitigem Chorabschluss. Über dem knapp 24 Meter langen und über zehn Meter breiten Kirchenschiff spannt sich eine verputzte Muldendecke. Das Sparren-Kehlbalkendach mit einer Hahnenbalkenebene hat eine Höhe von sieben Metern und wird von einem zweifach liegenden Pfettenstuhl getragen. Von der Patronatsloge an der Nordseite des Kirchenschiffes ist der einstige direkte Zugang zum Kirchenschiff zum Teil noch vorhanden. Erwähnenswert ist die Sakramentsnische, die offenbar bereits um 1500 in dem damals noch katholischen Gotteshaus existierte. Im Kircheninnern befindet sich ein Sarkophag, der an Johann Wilhelm von Lüder erinnert. Er entstammt einer angesehenen Quedlinburger

Adelsfamilie. Nach dem frühen Tod seines Vaters, Kriegsrat und Generalpächter des königlichen Domänenamtes Giebichenstein, heiratete der königlich-preußische Geheimrat Carl Christoph von Hoffmann Lüders Witwe Therese Auguste. Johann Wilhelm von Lüder wurde damit Stiefsohn Hoffmanns, der von 1786 bis 1790 Kanzler der Universität Halle war.

An der Ostwand der Kirche befindet sich ein Epitaph, der Hans von Dieskau als Relieffigur abbildet. Der kursächsische Obrist verstarb 1563 im Alter von 50 Jahren. Der Grabstein zeigt Hans von Dieskau mit Rüstung vor dem Kruzifix kniend. Er war Ritter und Kirchenpatron von Lochau und Dieskau. Im Kriegsheer des Herzogs von Sachsen diente er als Kriegshauptmann. Auf dem Kirchhof stehen drei Kriegerdenkmale und eine barocke Grabstele. Über die Herkunft und Bedeutung des Sandsteinreliefs gibt es keine Aufzeichnungen oder Informationen. Heimatforschern und Restauratoren könnte sich hier ein reizvolles Betätigungsfeld eröffnen.

Seit Februar 2007 existiert in Lochau ein sehr rühriger Kirchenförderverein. Als erstes Ergebnis der Aktivitäten und des Engagements der etwa 30 Vereinsmitglieder zählt das 1. Kirchturmfest noch im Gründungsjahr des Vereins, dem jährlich weitere Feste folgen. Die emsige, mitunter auch mühselige Kleinarbeit aller Mitglieder dient einem Ziel: der Sanierung des Gotteshauses. Und die Erfolge sprechen eine beredte Sprache: 2004 wird die Friedhofsmauer erneuert. Seit 2007 zeigt die Turmuhr wieder an, was die Stunde geschlagen hat. Schließlich kann der über viele Jahre einsturzgefährdete Kirchturm 2010 gesichert werden. Im Oktober 2011 ist seine Sanierung abgeschlossen. Nahezu 200 000 Euro kostet die gesamte Restaurierung. Über 50 000 Euro davon hat der Verein über mehrere Jahre eingeworben und beigesteuert.

Zu den absoluten Höhepunkten der Vereinsgeschichte zählt zweifelsohne die neue Glocke. Und so nimmt es nicht wunder, dass sie die Aufschrift „Förderverein St. Annen-Kirche Lochau" trägt. Stolz auf das bronzene Glanzstück sind nicht nur die

Mitglieder des Kirchenfördervereins, sondern auch 79 Sponsoren, die durch spontane Geldspenden zur Verwirklichung des „Projektes Glocke" beitragen.

Schließlich bekunden die Lochauer, dass sie nicht nur arbeiten, sondern auch feiern können. Anlässe gibt es gleich mehrere: den 850. Geburtstag der Gemeinde, das 90. Gründungsjubiläum der Freiwilligen Feuerwehr, 20 Jahre Frauenchor „Cantus laetitiae", 20. Hofetanzfest seit dessen „Wiederentdeckung". Der Hofetanz hat eine lange kulturelle Tradition. Seit 1805 bis in die 20er Jahre des vorigen Jahrhunderts wurde das gleichnamige Fest regelmäßig gefeiert. Es zählt zu den ältesten Dorffesten im historischen Saalkreis. Als Stifterin gilt Therese Auguste von Hoffmann, Gattin des bereits erwähnten Geheimrates und Uni-Kanzlers. Seit der Hofetanz 1992 wieder auflebte, erfreut er sich zunehmend großen Zuspruchs und findet alljährlich am zweiten Juli-Wochenende statt. Beinahe überflüssig zu erwähnen, dass bei den Festen und Jubiläen viele Christen und Nichtchristen – auch Nichtchristen sind auf Ihre Art gläubig – genauso fröhlich und unbeschwert miteinander feiern, wie sie sich gemeinsam für den Erhalt des Gotteshauses St. Annen in ihrem Heimatort Lochau eingesetzt haben und auch in Zukunft einsetzen werden.

Müllerdorf

Pfarrer sind eben auch nur Menschen. – Das belegt ein auf den 6. Mai 1806 datierter Beschwerdebrief von Schöppe Christoph Boltze aus Müllerdorf an die königliche Regierung Magdeburg. Darin beklagt der Beschwerdeführer, dass Pfarrer Gebhard unberechtigt einen Damm einreißt, der das Eindringen von Wasser in die Gemäuer des Pferdestalls verhindert, „so dass die Mauer des Stalles und sogar mein Wohnhaus durch Wasser Schaden nahm. Ebenfalls durch die Nässe erkrankten meine Pferde. Eine gütige Bitte, den Urzustand wieder herzustellen, lehnte der Pfarrer ab, der auch sonst kein friedlicher Mensch ist".

In der Gründungsurkunde des Klosters Memleben wird Müllerdorf im Jahre 979 erstmals als Millerronthorp oder Millerenthorp erwähnt. Heute ist Müllerdorf, gelegen im Tal des Lawekebaches, ein Ortsteil der Ortschaft Zappendorf in der Gemeinde Salzatal. Eine Wassermühle, die heute in privatem Besitz ist, gehört zu den schönsten Gebäuden. Erstmals erwähnt wurde die Wassermühle im Jahre 1465, als ein Andreas d. Ä. Müller zu Müllerdorf war. Dessen Familie lebt bis heute in direkter Linie mit dem Namen Müller-Barthél in Nürnberg. Übrigens war auch Georg Friedrich Händels Großvater, der Kupferschmied Valentin Händel (1582-1636), von der Gegend angetan und kaufte in der Zappendorfer Flur einen eigenen Weinberg. Dies belegen ein Erbzinsregister und eine Verkaufsurkunde aus dem Jahre 1652. Der Besitz des Weinberges ging später an den Amtschirurg Georg Händel (1622-1697), Vater des berühmten Komponisten, über.

Auf einer Erhebung in der Ortsmitte entsteht etwa in der Mitte des 12. Jahrhunderts die ursprünglich romanische und später mehrmals umgebaute Kirche St. Petri. 1542 wird das Dach des Kirchturmes bei einem Unwetter mit heftigem Sturm und Hagelschlag abgedeckt. 1611 repariert und erhöht man den Kirchturm.

Während des Dreißigjährigen Krieges verwüstet „räuberisches Kriegsvolk" 1633 die Kirche und beschädigt sie stark. 1648 wird die Kanzel gebaut und drei Jahre später mit den Bildnissen der vier Evangelisten Matthäus, Markus, Lukas und Johannes bemalt.

1683 wird eine Glocke gegossen. Sie trägt folgende Inschrift: „Verbum domoni in aeternum, Komt herz last uns dem Herrn frohlocken PS. 95 aus dem Feur Flos ich, Johann Koch aus Zerbst gos mich, S. Mathias Homberg M. Pastor, Christof Kerrnes K. V. Simon Hammer, Andreas Fuchs, Christof Schaaf, Christian Keltsch S. M. siehe (hier ist ein Engel abgebildet) M. Auf dem Glockenstuhle steht, auf Balken und Pfosten verteilt das Jahr des Gusses ANNO 1683." 1797 wird in Halle eine weitere große Glocke von Carl Gottlieb Gustav Becker gegossen.

„Die beiden Glocken", schreibt Pfarrer Martin Bröker in einer Internetpräsentation, „rufen noch immer zu Andacht und Gebet. Es ist gut, wenn Menschen Gottes Ruf folgen. Außerdem läuten die Glocken unter der Woche den Abendfrieden ein. Das Werk der Müllerdorfer Kirchturmuhr zeigt uns an, was die Stunde geschlagen hat."

1687 erfolgt eine Erweiterung des Altarraumes nach Osten hin. 1688 wird das Dach des Kirchenschiffs neu gedeckt. 1689 erhält das Gotteshaus einen neuen Altar und eine neue Orgel. „Im Altarraum der Kirche", so Martin Bröker, „sind drei wunderschöne Glasfenster zu sehen, die den Hlg. Petrus, den Hlg. Paulus und im Zentrum den auferstandenen Christus zeigen. Christus, die Mitte unseres Lebens, unseres Glaubens! Schön ist auch der spätgotische Marienaltar, der aus der leider eingefallenen Kirche zu Gödewitz stammt. Maria, ein Bild auch für uns, da sie gesagt hat: Siehe, ich bin des HERRN Magd; mir geschehe, wie du gesagt hast."

1714 werden bei der Erneuerung des Turmdaches im Turmkopf mehrere Münzen und zwei Urkunden gefunden, in deutscher und lateinischer Sprache abgefasst. Zusammen mit einer Abschrift des damaligen Pfarrers Johann Heinrich Heefenhausen werden die

Fundstücke wieder in den Kopf des Turmes gelegt. 1749 ist ein Kostenvoranschlag für den Umbau der Kirche belegt. Allerdings ist zu vermuten, dass dieser Umbau nie erfolgte, denn bereits 1773 seien „die Dächer der hiesigen Kirche sehr schadhaft gewesen". Ob es sich um ein und dieselbe Reparatur handelt, die endlich – nach 61 Jahren – 1834 beendet ist, bleibt unbeantwortet.

1774 ist erneut der Erhalt einer neuen Orgel überliefert. Leider ist nicht festgehalten, wer die Orgeln gebaut hat. 1699 stehlen Diebe einen silbernen Kelch aus der Kirche. Dafür werden zwei neue angeschafft, „von welchem der eine 28 Lot 1 3/16 Quentchen, der andere 24 Lot und ein Quentchen wog, das Lot zu 18 g". Ein Lot wiegt vier Quentchen.

1896 fährt ein Blitz in St. Petri. Durch den Brand wird die Kirche schwer beschädigt. Bereits 1897 beginnt man mit dem Neuaufbau. Im selben Jahr feiert die Gemeinde Richtfest an der neuen Kirche. 1898 wird das neuerbaute Gotteshaus durch Generalsuperintendent Fextor aus Magdeburg eingeweiht. An dem spätgotischen Schnitzaltar aus der Gödewitzer Kirche, der beim Brand arg in Mitleidenschaft gezogen wird, befanden sich 13 Figuren neben Gipsabdrücken von zwei heidnischen Reliefs, Bildsteinen mit der Sagengestalt des oder der sogenannten Guten Lubbe. Im Territorium um Schochwitz wurde Lubbe noch bis weit in die christliche Zeit verehrt (siehe auch Seite 91). Die Abgüsse waren in dem Müllerdorfer Gotteshaus noch anfangs des 20. Jahrhunderts zu sehen.

Die Originale der Reliefs werden im Landesmuseum für Vorgeschichte in Halle aufbewahrt. Für die sagenhaften Steine, so Pfarrer Bröker, gebe es einige Erklärungsversuche, „aber ‚nichts genaues weiß man nicht'". Gedeutet werden die Steine als Menschen, die in Siegerpose über einen Wolf(?) triumphieren. Sie könnten nach Bröker aber auch die Stifter der ersten christlichen Kirche zu Schochwitz darstellen, die mit dem Bau der Kirche dem heidnischen Unwesen ein Ende gesetzt haben?

Auf dem Internet-Eintrag der Müllerdorf-Homepage von 1998 steht: „Von der Kirche Sankt Petrus Müllerdorf werden vom jetzigen Pfarrer Martin Bröker 13 Christengemeinden, neun Kirchen, drei Pfarrhäuser und zwei Friedhöfe verwaltet". Der Pfarrer gibt der Hoffnung Ausdruck, dass die schöne St. Petri Kirche zu Müllerdorf noch lange ein Ort der Andacht und des Gebetes bleibe, „ein Ort der Stille in einer lauten Zeit – ein Ort Gottes, wo der Mensch Frieden finden kann".

*

In der Heide befand sich nach einem Tätigkeitsbericht des Heide-Vereins über die Jahre 1929 bis 1933 von Karl Siegmar Baron von Galléra, Sohn des Baron Siegmund von Schultze-Gallera, das zentralgelegene Heiligtum der Wendendörfer. Es war der Göttin der Liebe und Fruchtbarkeit geweiht. Diese Wendengöttin spukte im Heidegebiet allerorten. In einem Relief der Kirche zu Müllerdorf, das eine nackte Frau auf einem Hunde darstellt, war sie zu erblicken. Nach dem Volksglauben gehe die Wendengöttin heute noch (1929 bis 1933) in der Mittagsstunde als verwünschte weiße Frau im schwarzen Kleid mit weißer Schürze umher. Sie gilt als Unglücksgöttin. Als Prinzessin Zorges hätte sie in Lieskau und Granau weitergelebt, mit weißem Kleid auf einem schwarzen Pferd reitend, von einem Hund begleitet. In Dölau führe sie in einer von Ziegenböcken gezogenen Kutsche. Schließlich verbänden sich in der Vorstellung der „Steinernen Jungfrau" die Erinnerungen an den germanischen Gott und die wendische Göttin aufs engste.

Naundorf

Wer kennt Stennewitz? – Der Ort ist als Steynewitz oder Steinewitz bereits 1370 – oder 1378? – existent. Allerdings wird er 1936 nach Naundorf eingemeindet. Naundorf schließlich kommt gemeinsam mit Kleinkugel am 1. Juli 1950 nach Dölbau. Die Gemeinde Dölbau ist der älteste Ortsteil, 1347 als Tolpen oder Tölpe erwähnt. 1370 heißt Kleinkugel parva Kupele, Naundorf 1286 Niendorp. Die ehemaligen Dörfer Poppendorf und Gelte existieren nicht mehr. Sie werden im Dreißigjährigen Krieg völlig zerstört. Im Gegensatz zu den ursprünglich slawischen Ortsteilen handelt es sich bei Naundorf um eine germanische Gründung, erkennbar an der Form des Dorfes als germanischer Rundling. Im Mittelalter liegt die Gemeinde unmittelbar an der sogenannten Salzstraße. Dadurch blüht der Handel mit landwirtschaftlichen Produkten relativ rasch auf und kann sich besonders vorteilhaft entwickeln.

All die erwähnten und weitere Dörfer östlich der Stadt Halle heißen ursprünglich „Küchendörfer von Halle". Sie verfügen über fruchtbaren Boden und versorgen die Bevölkerung der benachbarten Großstadt mit frischem Gemüse. Zwischen den Ortsteilen Kleinkugel und Naundorf fließt die Kabelske. Sie gibt der heutigen Einheitsgemeinde Kabelsketal, der Dölbau mit dem eingemeindeten Naundorf angehört, ihren Namen.

In Naundorf befindet sich die guterhaltene spätromanische Wehrkirche St. Petrus, Paulus und Ursula. Sie wird um 1220 erbaut. Von dem Ursprungsbau sind der romanische Westquerturm mit Schallarkaden und Würfelkapitellen sowie ein wertvolles zweistufiges Säulenportal mit Tympanon und Kelchblockkapitellen erhalten. Auf dem Blockaltar liegt eine einstückige Sandsteinplatte. Die Sakramentsnische soll von 1415 stammen. Der Chor wird um 1400 verändert und zusammen mit dem Kirchenschiff im 18.

Jahrhundert erneut umgebaut. Der bemerkenswerte romanische Triumphbogen bleibt erhalten. St. Petrus, Paulus und Ursula sollte möglichst nicht verwechselt werden mit St. Johannes im anderen Naundorf, einem Ortsteil von Beesenstedt.

1835 wird die Kirche mit einer Wäldner-Orgel ausgestattet. Sie ist noch heute voll funktionstüchtig. Die Jahreszahl verweist auf Friedrich Wilhelm Wäldner, der im Jahr des Orgelbaus gerade 50 Jahre alt ist, während August Ferdinand, Friedrich Wilhelms Sohn, eben das 18. Lebensjahr erreicht hat.

Das Pfarrhaus stammt aus der ersten Hälfte des 19. Jahrhunderts. Es ist mit einem charakteristischen steilen Krüppelwalmdach gedeckt. Traufseitig grenzt es unmittelbar an den Kirchhof.

Erwähnenswert ist ein qualitativ besonderes Denkmal für die Gefallenen des Ersten Weltkrieges.

Oppin

„Die Kirche des Ortes ist sehenswert." – Sachlich, nüchtern und knapp steht dieser Satz in einem kleinen Saalkreis-Büchlein. Er wird St. Georg und St. Elisabeth in Oppin in keiner Weise gerecht. Deshalb wird hier der Versuch unternommen, dem Gotteshaus – und den rührigen Gemeindegliedern sowie ihren vielen Helfern – die ihnen gebührende Aufmerksamkeit zuteil werden zu lassen.

1633 – 1655 – 1928 – diese drei Zahlen stehen für die Jahre, in denen die Oppiner Kirche St. Georg und St. Elisabeth durch Flammen zerstört wird. 1633 brennt die Kirche durch Blitzschlag nieder. 1655 vergisst der Küster, die Kerzen zu löschen. In der Nacht vom 7. zum 8. August 1928 schließlich steht die Kirche ein drittes Mal in Flammen. Diesmal verbrennt nicht die gesamte Kirche; „nur" das Kirchenschiff und das Dach des Turmes. Gerettet wird unter anderem auch die vom ehemaligen Rittergutsbesitzer Zakrzewski 1914 gestiftete eichene Kirchentür mit dem hauseigenen schmiedeeisernen Familienwappen. Im Juni 1929 beginnt der Neuaufbau, auch diesmal wie nach den beiden Bränden zuvor, auf den alten, noch vorhandenen Mauern. Bereits am 12. Januar 1930 – am 1. Sonntag nach Epiphanias – feiert die Gemeinde die Einweihung der wiederaufgebauten Kirche. Die geschlossen erhaltene Innenausstattung aus dieser Zeit und die Wandmalereien in der Sakristei sind bis heute ein ebenso seltenes wie typisches Beispiel für die Gestaltung und Ausstattung von Gotteshäusern der 1930er Jahre.

Die Kanzel befindet sich in der Mitte der Ostwand. Darunter steht „Das Wort unseres Gottes bleibet ewiglich". Auf einem Spruchband, gehalten von zwei Engeln, stand „Ehre sei Gott in der Höhe" als Wandmalerei an der Giebelwand über den Altaraufbauten. Rechts und links neben dem Altar scheint das Sonnenlicht durch die restaurierten, 2006 eingesetzten farbigen

Bleiglasfenster. Bei längerem Verweilen entdeckt der Betrachter ein stilisiertes blaues Kreuz. Ein alter Holzstuhl, auf dem Luther gesessen haben soll, steht links vom Altar. Das Alter des Stuhles ist nicht belegt. Angeblich hat er alle drei Brände überstanden. Sicher ist lediglich, dass er bei dem letzten Brand gerettet wurde. Verbürgt ist auch, dass Luther 1529 eine Reise von Halle nach Wittenberg in Oppin unterbricht, um den damaligen Pfarrer Johann Zimmermann in seinem Glauben zu examinieren und als ersten evangelischen Pfarrer einzusetzen.

Neben diesem Stuhl betritt man durch eine Pforte eine kleine Kapelle – die Taufkapelle – mit einem weiteren Altar. Sofort ins Auge fällt das ebenfalls 2006 erneuerte hochformatige Bleiglasfenster, in dessen Zentrum eine Taube – das Symbol des heiligen Geistes beziehungsweise eines der ältesten Symbole für Hoffnung und Frieden – gen Himmel fliegt. „Das spitzbogige Gewölbe", steht in einem Faltblatt der Kirchengemeinde, „könnte ursprünglich aus dem 15. Jh. stammen. Auf dem Altar befand sich ein Kruzifix aus dem Jahr 1630, das Jesus am Kreuz zeigt, neben ihm seine Mutter Maria und den Jünger Johannes, dem Jesus kurz vor seinem Tod die Sorge für seine Mutter übertrug. In der Kapelle steht der Taufstein von 1929. Dazu passend sind im Gewölbe Bibeltexte von Johannes dem Täufer zu lesen. Im Heimatkalender für Halle und den Saalkreis 1931 schreibt Pfarrer Schüttlöffel, von 1927 bis 1934 in Oppin, zu dem eindrucksvollen künstlerischen Wandschmuck: „Die Künstler, Herr Leweke und Frau Dr. Leweke-Weyde, haben es verstanden, der Gemeinde von vornherein Freude am neuen Gotteshaus zu bereiten. Die leider teilweise überstrichene Ausmalung an den Wänden zeigt Szenen aus dem Leben des Johannes." Zur letzten Bemerkung gehen die Meinungen auseinander. Was hier „überstrichene Ausmalung" heißt, deuten Heimatforscher als Folgen übertriebener Reinigung rußgeschwärzter Stellen. Das Kruzifix von 1630 existiert noch und ist aus Sicherheitsgründen im Archiv wohlverwahrt.

Wie zahlreiche Kirchen in der Region wird auch die Oppiner in romanischer Zeit erbaut. Nachgewiesene Reste des charakteristischen romanischen Baustils untermauern diese Annahme. So ist zu vermuten, dass das Untergeschoss des Turmes aus dem 12. Jahrhundert stammt. Im Turm hängen anfangs insgesamt fünf Glocken. Bei dem Brand im Jahre 1655 springen die Glocken, schmelzen teilweise als Folge der großen Hitze. Der Gemeinde gelingt es, aus dem geschmolzenen Metall vier neue Glocken gießen zu lassen. Heute hängen noch zwei Glocken im Turm. Die größere mit dem stattlichen Gewicht von 550 Kilo stammt aus diesem Guss nach dem Brand-Jahr 1655. Sie trägt den Namen Anna Maria. Die Inschrift am unteren Rand der Glocke lautet: „ICH WEIS, DAS MEIN ERLÖSER LEBT. ER WIRD MICH HERNACH AUS DER ERDEN AUFERWECKEN. HIOB XIX SIMON WILDE. GOTT ALLEIN DIE EHRE." Bei Bauarbeiten an der Kirche bekommt die Glocke im Jahre 2001 einen neuen, mehrfach belederten Klöppel und ein neues Joch aus Eichenholz. Zudem kann sie seitdem – zeitgemäß – elektronisch geläutet werden. Allerdings existiert schon 1961 eine aus dem Pfarrhaus betriebene elektrische Schaltung .

Die zweite, die sogenannte Uhrschlagglocke, ist noch älter. Sie wird bereits 1579 gegossen und 1952 von der Gemeinde Schwerz gekauft. Ihr angenehmer Ton ist seit 2002, dem 100. Geburtstag der Turmuhr, jede Viertelstunde zu hören. Das Uhrwerk aus dem Jahr 1902 stammt von der Firma Friedrich Weule aus Bockenem. Das Unternehmen Weule wird am 20. Oktober 1836 gegründet.

Das Oppiner Gotteshaus ist in seiner jetzigen Gestalt beziehungsweise seiner Ausstattung und seinem gegenwärtigen Zustand erst reichlich acht Jahrzehnte alt. Trotzdem, teilt die Kirchengemeinde mit, müssen oftmals größere Bau- und Erhaltungsarbeiten durchgeführt werden. Die Liste der Instandsetzungen reicht innerhalb von nur zehn Jahren – 1999 bis 2009 – von der umfangreichen Reparatur der Orgel, der Sanierung und Neueindeckung des Kirchturmes sowie der Reparatur der Turmuhr über eine erneute Orgelreparatur, die Dachentwässerung, die bereits erwähnte Erneuerung der Altarfenster und Restaurierung des Fensters in der Taufkapelle bis hin zur Reparatur des Glockenstuhles 2007.

Erneuert werden auch zwei Sandsteinsäulen in den Schallarkaden. Weitere Reparaturen im Glockenturm sind nötig. Schließlich erfolgt 2008 über dem Kircheneingang die Dachsanierung. 2009 wird die Elektroinstallation in der Kirche erneuert. Als vorerst letzte Maßnahme ist im selben Jahr die Begasung gegen Holzwurmbefall registriert.

Laut Dreyhaupt baute Orgelbauer Heinrich Tiensch 1702 eine neue Orgel. Sie steht über den sogenannten Weiberstühlen auf dem obersten Chore. Nach 147 Jahren wird die Orgel abgebrochen. Im selben Jahr 1849 erfolgt ein Neubau durch Orgelbaumeister Wilhelm Rühlmann aus Zörbig. 1929 ist nach dem Brand ein erneuter Orgelbau ebenfalls durch Rühlmann belegt. Dieses Instrument wird 1999 grundlegend überholt und erklingt seitdem mit wohltönendem Klang zu den Gottesdiensten. Die Firma Rühlmann verließen übrigens nach Familienangaben 460 Orgeln; einschließlich der Umbauten. Rühlmann-Orgeln sind sogar in Südafrika nachweisbar. Die Familie beschäftigt sich seit längerem mit deren Erforschung.

1483 wird die Oppiner Kirche mit dem Rezess – also einer Teilung oder einem Auseinandergehen im Sinn von Trennung – zwischen dem Pfarrer von Brachstedt, dem Thüringer Adelsgeschlecht von Bissing und der Gemeinde ein unabhängiger Teil des Pfarrsprengels Brachstedt. Nach 516(!) Jahren, am 31. Dezember 1999, wird die Pfarrstelle aufgelöst. Der Pfarrer sitzt nun in Hohenthurm und ist für neun Gemeinden zuständig …

Die erste urkundliche Erwähnung Oppins – damals Apyn oder Appien – ist auf den Tag genau festgehalten: vor über tausend Jahren, am 26. Juni 952, als König Otto I. und der Markgraf Hermann Billung vom Neleticigau einen Gebietstausch vereinbarten, der die Übergabe der Mark Upina einschloss. Allerdings wird der Tausch schon 14 Jahre später wieder rückgängig gemacht und die Besitzungen dem Moritzkloster in Magdeburg geschenkt. Es wird vermutet, dass zu dieser Zeit bereits eine Kirche in Oppin existiert. Grund für diese Annahme war das Bemühen

der sächsischen Kaiser um die Christianisierung der heidnischen Wenden durch den Bau von Kirchen und Klöstern. So ist es durchaus möglich, dass Christen seit über tausend Jahren in Oppin ansässig sind.

1921 schließen sich die Orte Oppin, Freiheit-Oppin, Harsdorf, Pranitz und Inwenden zur Gemeinde Oppin zusammen. 1950 kommt Maschwitz zu Oppin. Seit dem 1. Januar 2010 ist Oppin ein Ortsteil der Stadt Landsberg. Im Ort gründet sich am 26. Juni 2000 der Heimatgeschichtsverein Oppin e. V. Das Datum haben die Gründer bewusst gewählt, weil Oppin exakt an diesem Juni-Tag vor 1048 Jahren erstmals erwähnt wird. Nur zwei Jahre später – 2002 zur 1050-Jahr-Feier in Oppin – präsentieren die etwa 20 Mitglieder eine Ausstellung zur Ortsgeschichte. Oft erfahren sie bei der Vorbereitung, Zusammenstellung und Material-bereitstellung für 30 Tafeln und Vitrinen Unterstützung durch die Kirchengemeinde. Das gegenseitige Geben und Nehmen findet in Kirchenführungen zum „Tag des offenen Denkmals" oder bei der organisatorischen Vorbereitung von Weihnachtskonzerten seinen Niederschlag. Am 28. Januar 2010 wird der „Förderverein Kirche St. Georg und St. Elisabeth Oppin" gegründet. Vorsitzender ist Hans Martin Uhle.

Interessant ist die Verbindung der Gemeinde Oppin zur Familie Händel. In einem Beitrag für das „Gouvernementsblatt für die Königlich-Preußischen Provinzen zwischen Elbe und Weser" schreibt Pastor Hartung, von 1894 bis 1911 Pfarrer in Oppin: „Hervorragend ist Johann Gottfried Taust, ein gelehrter Mann, ‚ein starker Astronom', der von 1673 bis 1716 in Oppin Pastor war. Wie er weiter unten selbst sagt, war er der Bruder Georg Tausts, Pastor in Giebichenstein, dessen Tochter Dorothea als zweite Gattin des fürstlich sächsischen Leibchirurgus Georg Händel die Mutter des am 23. Februar 1685 in Halle geborenen großen Tonmeisters Georg Friedrich Händel war."

Zu den Sehenswürdigkeiten Oppins zählen das ehemalige Rittergut mit Schloss und Park sowie die in Deutschland angeblich einzige, jedenfalls durchaus zu Recht unter Naturschutz gestellte, etwa 350 Meter lange Winterlindenallee am Park. Das Kriegerdenkmal vor der Kirche wird vom Schkopauer Bildhauer Juckoff geschaffen und 1922 eingeweiht. Am Tag des offenen Denkmals 2008 erfolgt auf Initiative des Heimatgeschichtsvereins Oppin e. V. eine Spendensammlung für eine neue Gedenktafel am Denkmalsockel. Im jetzigen Text wird aller Opfer gedacht. Zudem wird die Bibelspruch-Inschrift am Kreuz saniert.

*

1968 bis 1971 erfolgt der Auf- und Ausbau des Flugplatzes Halle-Oppin. Bei entsprechenden Wetter-, Wind- und Sichtverhältnissen werden Rundflüge (Tel.: 0345 5710313; 034604 22355), Ballonfahrten (0345 6845596) und Flüge im Segelflugzeug (034604 20344) angeboten. Im Flugsportverein Halle/Oppin können Interessierte ab 15 Jahren Mitglied werden und die notwendige Lizenz zum Segelfliegen erwerben. Ein 30-minütiger Rundflug mit Kleinmaschinen wie Piper oder Cessna über Halle kostet 39 Euro. Für eine etwa zehnminütige Flugplatzrunde mit dem Segelflieger zahlt man etwas mehr als 20 Euro.

So kann man Oppin einmal mit Abstand von oben betrachten und kommt zugleich dem Himmel ein Stück näher …

Pfützthal

Die historische Postkarte zeigt im Vordergrund ein parkähnliches Gelände mit mehreren Bäumen, einen Weg und einen Hügel. Dahinter erhebt sich rechterhand ein mehretagiges Wohnhaus. Links ist die Kirche abgebildet. Unter der Zeichnung steht „Pfützenthal". Nun kann man sich über die alte Schreibweise wundern, sie belächeln oder als Druckfehler abtun. Mit Pfützen respektive deren „großen Bruder" – nämlich verheerenden Überschwemmungen – hat die kleine Gemeinde Pfützthal, die 1125 Bucedal oder Bucedale, also wohl „Brunnenthal" heißt, häufig zu kämpfen. Das verwundert um so mehr, als das nur wenige Steinwürfe entfernte Salzmünde mit einem mittleren Jahresniederschlag von 436 mm zu den niederschlagsärmsten Orten Deutschlands zählt. Allerdings kamen die enormen Wassermengen nicht von oben, sondern gewissermaßen von unten, als Folge des steigenden Grundwasserspiegels beziehungsweise von der Hochwasser führenden Saale. Ein Unwetter mit Starkregen und anschließendem Hochwasser setzt die Kirche 1659 unter Wasser. Der Schlamm in der Kirche konnte erst nach Tagen entfernt werden.

So höre ich zunächst ungläubig, dass die um 1200 erbaute romanische Kirche St. Johannes Mitte des 17. Jahrhunderts buchstäblich abgesoffen ist, nicht nur wenige Zentimeter, sondern etwa 1,50 bis 1,60 Meter. Sichtbar ist dies noch an den oberen Steinen des einstigen, um 1180 erbauten Eingangsportals, das heute bereits etwa einen halben Meter über dem Erdboden endet und nur passierbar wäre, wenn man „auf allen Vieren" hineinkriecht. Was nicht durch die Naturgewalten ohnehin erheblich zerstört ist, plündern im Dreißigjährigen Krieg (1618 bis 1648) oder danach marodierende Soldaten des schwedischen Heeres.

St. Johannes ist ein relativ schlichter einschiffiger Bruchsteinbau mit dreiseitigem Ostabschluss. Der im Grundriss quadratische

Turm scheint nachträglich an die Nordwestecke des Kirchenschiffes regelrecht „angeklebt" zu sein. Etwa um 1680 bekommt St. Johannes einen Taufstein aus Schochwitz geschenkt. Der Altar kommt aus Friedeburg, die kleine Orgel aus Erfurt. Das Schiff wird 1694 erneuert. Der Baubeginn erfolgt, nachdem jeder Einwohner zwei Pfennige spendet. Die Mauern hat man wohl um die versunkenen 1,50 Meter aufgestockt. Ebenfalls nach oben versetzt werden sämtliche Fenster, so dass die Proportionen wiederhergestellt sind. Im Mauerwerk sind die einstigen Fensteröffnungen größtenteils noch zu erkennen. Am Johannestag, dem Namenstag des Amtsmannes Johannes Voigt von Friedeburg, wird die Kirche eingeweiht.

Große Verdienste um den Ausbau und Erhalt der Kirche erwirbt sich der ortsansässige Fischermeister Hans Knothe. Er will die Kirche erweitern, damit alle Pfützthaler Platz finden und nicht jedesmal zum Gottesdienst ins benachbarte Fienstedt gehen müssen. Doch die Pfützthaler wollen wohl nicht so recht. Also fängt Knothe allein an, fährt zum Holzmarkt und tauscht seine Fische, Käse und Wurst gegen Holz ein, das bei der Erhöhung der Kirche dringend benötigt und verbaut wird. Erst als ihm Fienstedter zu Hilfe eilen, fühlt sich mancher Pfützthaler an der Ehre gepackt und hilft nun kräftig mit. Ja, mehr noch: eine Tafel an der Innenwand des Gotteshauses mit einem entsprechenden lateinischen Text soll ewig sichtbar die Dankbarkeit der Dorfbewohner Knothe gegenüber zum Ausdruck bringen. Doch da haben die dankbaren Pfützthaler die Rechnung ohne den Besuch eines höheren Kirchenrepräsentanten gemacht. Seine Zurechtweisung untermauert er mit den Worten: „In der Kirche wird nur einem gedankt, nämlich Gott." Also nimmt man die Tafel wieder ab, mauert sie jedoch an der Rückseite des Altars ein und überstreicht sie hastig mit Putz, so dass der Gast sie nicht wahrnimmt und zufrieden ist. Nach seinem Weggang wird die Tafel sorgfältig gesäubert. Die lateinische Inschrift ist bis zum heutigen Tag lesbar, sehr gut zu erkennen ist die Jahreszahl 1708.

1848 erfolgt eine Restaurierung. Dabei wird das erhaltene, etwa 1180 gemauerte romanische Portal in die Ostwand des Turmes versetzt. Das Tympanon – im Feld über dem Portal – ist stark verwittert. Heute präsentiert sich das Kirchlein, „eingerahmt" von einem privat genutzten Garten, in dem sich Enten und Gänse lautstark bemerkbar machen, in dem Obst, Gemüse und Blumen wachsen, in einem guten Zustand. Die originale Eingangstür ist restauriert und mit neuen Beschlägen versehen. Die Fenster sind ebenfalls neu. Die jeweils mit einem Kreuz bekrönten Dächer von Turm und Kirchenschiff sind neu gedeckt. Die alte Kirchenglocke erklingt regelmäßig – wochentäglich jeweils 18 Uhr, sonnabends 17 Uhr. Zum Klingen gebracht wird sie seit geraumer Zeit durch eine elektrische Schaltuhr. Gottesdienste finden in St. Johannes jedoch schon seit geraumer Zeit nicht mehr statt.

Sicher vermittelt das Innere einer lange ungenutzten Kirche nicht den Charme eines aufgeräumten Wohnzimmers. Trotzdem ist der Eintretende überrascht: die dunklen Bänke rechts und links des Mittelganges sind vollständig erhalten. Auf dem Altar flankieren zwei stuckierte Engelfiguren ein Gemälde, Jesus am Kreuz darstellend, zu dessen Füßen Maria kniet. Die kleine Orgel auf der Empore gegenüber ist dank einer Geldspende aus der Schweiz spielbereit. Eine Inschrift nennt das Jahr 1776 als Baujahr für die Barockorgel. Wer sie wo gebaut hat, ist nicht bekannt. Ein gußeiserner, reich verzierter Ofen könnte bei Bedarf sicher wohlige Wärme spenden. Die Querbalken der Holzbohlendecke sind mit geometrischen Musterbändern bemalt, die sich in unterschiedlichen Farbvarianten sowohl unterhalb der Decke als auch in Höhe der Bankreihen zu einem Großteil an der Wand erhalten haben. Der großflächig auf die Wandflächen aufgetragene blaue Ton der Grundfarbe stammt vermutlich aus der Zeit um 1880/1890. Zum Teil ist wegen Einregnungs- und anderer Nässeschäden der Putz entfernt. Allerdings: das Dach ist dicht, das Kircheninnere trocken. Das Gotteshaus scheint mitten in den Restaurierungsarbeiten in einen tiefen, friedlichen Schlaf gefallen zu sein …

Spätestens hier ist es dringend angebracht, Harald Hillger, Geschäftsführer der ortsansässigen Tischlerei, als die „Schlüsselfigur" der bisherigen Sanierungsarbeiten zu nennen. Seiner

Initiative und Beharrlichkeit ist es zu danken, dass St. Johannes sich im derzeitigen Zustand zeigt. Nicht nur der Kirchenschlüssel, sondern nahezu alle Arbeiten lagen und liegen in seiner Hand. An jeder Einzelmaßnahme der Restaurierung hat er zumindest Anteil. Unermüdlich hat er organisiert und improvisiert, Handwerker artfremder Gewerke angesprochen, sogar ein Konzert veranstalten wollen. Allerdings sind seine regelmäßig jedes Jahr verfassten Schreiben wegen Förderung in (un-)schöner Regelmäßigkeit abgelehnt worden. Trotzdem denkt der vor über 30 Jahren „Zugezogene" nicht ans Aufgeben. Ihm schwebt noch immer die Gründung eines Fördervereins vor. „Ja, wenn es hier eine ähnliche Gemeinschaft geben würde wie den ‚Förderverein Barockorgel' in Langenbogen," sinniert Hillger. Der dortige Verein hat etwa 80 Mitglieder. So viele müssten es ja erst mal gar nicht sein, sagt er bescheiden.

Vielleicht ergibt sich ein neuer Anlauf bei den jährlich stattfindenden Oster- und Weihnachtsmärkten im Alten Kuhstall rechts neben dem alten Pfützthaler Gutshaus. Die Märkte haben jedes Mal großen Zulauf. Organisator ist – Harald Hillger.

Salzmünde

Salzmünde zählt zu den sogenannten Himmelfahrtsdörfern des Saalkreises. Die bekannte Schriftstellerin Anneliese Probst (1926-2011) hat im allerersten Saalkreis-Jahrbuch 1995 zwei Versionen der Sage aufgeschrieben. Eine Sage bezieht sich auf Fienstedt (siehe Seite 44), die zweite, nachstehende Variante soll wesentlich bekannter sein: „Als die heilige Elisabeth in Ungnade gefallen war, floh sie mit ihrer Amme Gertrud aus der Wartburg. Beide Frauen wanderten bettelnd durch das Land und kamen nach langen Wochen ins Mansfeldische. Hier rasteten sie zerschlagen und müde auf dem Hügel oberhalb des Dorfes Salzmünde. Gegen Abend, als die Sonne unterging und ihre Strahlen das weite Land vergoldeten, bemerkte ein Bauer … die beiden Frauen. (Er) hatte Mitleid mit ihnen und nahm sie in seinem Hause auf, bewirtete sie und gab ihnen ein Nachtlager … Auch die anderen Dorfleute nahmen sie freundlich auf, ebenso die Bauern der umliegenden Dörfer. So erholten sich die Frauen bald von ihrer langen Wanderung, dennoch waren sie traurig, denn die Sehnsucht nach der Heimat quälte sie. Jeden Morgen und jeden Abend gingen sie hinauf zu dem Hügel und betrachteten den Sonnenaufgang und den Sonnenuntergang, und sie beteten zum Herrn, daß er sie gnädig zurückführen möge nach Thüringen.

Nun geschah es, dass am Vortage des Himmelfahrtstages, als sie wieder auf dem Hügel saßen, der Landgraf von Thüringen mit seinem Gefolge vorbeiritt … Als er die heilige Elisabeth erkannte, hielt er verwundert an und fragte, was sie hierher verschlagen habe. Sie erzählte ihm unter Tränen, was sie habe durchleiden müssen, lobte aber zugleich die Hilfsbereitschaft und Gastfreundschaft der Bauern. Da erließ der Landgraf den Bauern der sieben Dörfer, die sich um die heilige Elisabeth verdient gemacht hatten, aus Dankbarkeit den Zehnten und gestattete ihnen das Bierbrauen, machte aber zur Bedingung, daß fortan an jedem Himmelfahrtstag zur Erinnerung an dieses Ereignis ein Fest gefeiert werden solle, bei dem sieben Ringeimer Bier ausgetrunken und alle Fremden mit großer Freundlichkeit aufgenommen werden müssten … Die Bauern der sieben Himmelfahrtsdörfer feierten anderntags ihr Fest, und von da an feierten sie es jedes Jahr … Den Hügel oberhalb von Salzmünde nannten sie fortan den Bierhügel."

„Doch warum", fragt Heiner Lück in seinen „Beiträgen zur Geschichte des Saalkreises – Wettiner Grafen, Grenzen und Gerichte", „waren es gerade 7 Ringeimer Bier? Sicher aus dem gleichen Grund, weshalb Schneewittchen von 7 Zwergen umsorgt wurde und der Wolf 7 Geißlein fraß. Die ‚7' spielte in der Vorstellungswelt unserer Vorfahren eine große Rolle …"

„Seit 1222", schreibt Karl Pritschow in seinem Wanderlust-Büchlein, „feiert Salzmünde alljährlich am Himmelfahrtstage das Andenken der heiligen Elisabeth." 1857 sollen König Friedrich Wilhelm IV, 1865 Kronprinz Friedrich Wilhelm und dessen Gemahlin Viktoria das Bierhügelfest besucht haben. Nach dem Zweiten Weltkrieg wird bereits 1946 wieder zum Fest eingeladen. Das mittlerweile 770. begehen die Einwohner mit zahlreichen Gästen im Jahr 1992. Die Inschrift auf dem Bierhügel-Gedenkstein, den übrigens Johann Gottfried Boltze stiftet, ist auf allen vier Seiten kaum noch zu entziffern. In Erich Neuß' zweitem Band der „Wanderungen durch die Grafschaft Mansfeld" können wir nachlesen: „Der Pfalz- und Landgräfin von Thüringen, Elisabeth der Heiligen, der ungarischen Königstochter, die dankbaren Gemeinden Goedewitz und Salzmünde …"

Salzmünde ist flächenmäßig etwa halb so groß wie Liechtenstein. Die erste nachweisbare geschichtliche Erwähnung Salzmündes stammt aus dem Jahre 979. Eine möglicherweise bereits im 9. Jahrhundert erbaute Burg, eine sogenannte Hüneburg, soll 1433 derart zerstört worden sein, dass so gut wie keine Reste mehr auffindbar sind. Allerdings kann, vor allem wegen jüngster umfangreicher frühzeitlicher Funde, angenommen werden, dass die Salzmünder Region schon vor über 5000 Jahren besiedelt ist.

Vom ursprünglichen Dorf ist jedoch so gut wie nichts erhalten. Zwischenzeitlich finden Ausgrabungen auf einer Fläche von 3,5 Hektar statt. Damit ist das archäologische Grabungsgebiet das größte Sachsen-Anhalts. Der Ortsname selbst leitet sich aus der kleinen Salza her, die hier in die Saale mündet. Der Name wandelt sich von Salzigumunda (979) und Salzahamunda (1121) über Saltzmunde (1129) und Salzamunde (1156) zu Salzmunde (1210).

1454 baut der in der Chronik als gewalttätig apostrophierte Amtmann Peutz die Kirche St. Johannes in eine Scheune um. Der Standort der ehemaligen Kirche ist nicht bekannt. Das heutige Gotteshaus, ein neoromanischer Ziegelbau mit mittig hohem Turm, Turmuhr und Dachkreuz, das eher wie ein Rathaus oder eine Schule, also ein öffentliches Gebäude aussieht, weiht man am 9. September 1860 ein. Dabei muss man als Ortsunkundiger schon genau hinsehen, will man die Betschule entdecken. Heute beherbergt das Gebäude die Bibliothek und das Bau- und Ordnungsamt. Jedenfalls weist ein Schild an dem Gebäude auf die „Gemeinde Salzatal" hin. Ebenso ist zu lesen: „Betsaal der ev. Kirche zu Salzmünde". Noch ein Schild weist auf „höhere Aufgaben" hin: „Die Bundesregierung – Wir bauen Zukunft. Sanierung des denkmalgeschützten Gebäudes. Multifunktionale Nutzung. Herstellung der Barrierefreiheit." In der ersten Etage befindet sich der Kirchsaal. Er wird 2002 sorgsam und detailreich renoviert und weiter für kirchliche Veranstaltungen und Konzerte genutzt.

1924 erhält der Kirchen- und Schulhausbau einen Glockenturm. Die Baukosten übernimmt Oberamtmann Carl Wentzel. Die ursprünglich drei Bronzeglocken werden in der traditionsreichen, 1722 gegründeten Glockengießerei in Apolda gegossen. Gekauft werden die Glocken von den Gemeindemitgliedern. Heute hängt in dem gestaffelten Turm nur noch eine Glocke. Die beiden anderen sind im Ersten Weltkrieg für militärische Zwecke eingeschmolzen worden. Geläute aus der Apoldaer Produktion hängen weltweit in Kirchen auf fünf Kontinenten. In der thüringischen Gemeinde sind über die vielen Jahre etwa 20 000 Glocken hergestellt.

Betritt man den Betsaal, fällt der Blick zunächst auf die Altarwand im Westen. Der mittige romantische Bildaltar mit einem Jesusbild wird links und rechts von je einem prächtigen Buntglasfenster eingerahmt. Davor steht ein Taufstein. Die mit großer Sorgfalt in den Farben rot und blau gestalteten Deckenbalken und die beeindruckende meisterliche friesartige Malerei an den Saalwänden ziehen die Aufmerksamkeit ebenso auf sich wie eine dreiseitige Empore. Hier steht im Osten eine kleine Orgel. Der Hallenser August Ferdinand Wäldner (1817-1905) hat die Schleifladenorgel etwa 1862/1863 gebaut. Alle Register der Orgel sind in ihrem Originalzustand erhalten, „was den besonderen Reiz dieses kleines Instrumentes ausmacht", schreibt der Musikwissenschaftler und Kirchenmusiker Tim-Dietrich Meyer im Heimat-Jahrbuch Saalkreis 2003. Die verschiedenen Register dieses „wirklichen Kleinods" seien sehr klangschön, die Orgel insgesamt geradezu optimal auf die Raumgröße abgestimmt. Seit nun 150 Jahren erfuhr sie keine Umänderung ihrer Substanz. Neben einem Luther-Bildnis hängen im Saal zwei Porträts der Familie Boltze.

Die Friedhofsanlage verfügt über einen reichen alten Baumbestand. Hier befindet sich auch das stattliche Erbbegräbnis der Gutsbesitzerfamilie Boltze, 1868 geschaffen nach einem Entwurf von Bildhauer Fritz Schaper. Auf dem Friedhof stehen noch weitere qualitätsvolle Grabsteine sowie die als schlichter Ziegelbau errichtete Kapelle des 19. Jahrhunderts.

Der heutige Ort Salzmünde ist im wesentlichen zwischen 1820 und 1925 entstanden und eng mit den Namen der Unternehmer Johann Gottfried Boltze (1802-1868) und Carl Wentzel (1876-1944) verbunden.

Der aus dem Nachbarort Gödewitz gebürtige Landwirt Boltze soll trotz seiner Verdienste um die Region und seines engagierten sozialen Wirkens sehr bescheiden gewesen sein. Er lässt 1832 eine Ziegelei errichten. Sogar in Hamburg und Magdeburg wird mit Salzmünder Ziegeln gebaut. 1847 kommen eine Zuckerfabrik, die erste Spirituosenbrennerei und eine Tonschlämmerei hinzu.

Daneben betreibt er weiterhin Ackerbau und Viehzucht. 1859 entsteht eine agrikultur-chemische Versuchsstation. Mit seinen florierenden Betrieben schafft er Hunderte von Arbeitsplätzen. Zwischen 1850 und 1860 richtet er eine Rentenversicherung und eine Arbeitsunfähigkeitsversicherung ein. Es entstehen ein Betriebskrankenhaus, das allgemeine Krankenhaus und das Invalidenhaus, eine Sparkasse und ein Kindergarten, in damaliger Lesart eine „Kleinkinderbewahranstalt". Zudem errrichtet er eine einmalige Siedlung für Mitarbeiter, die hier für vergleichsweise wenig Geld ein Haus erwerben können. Ganz entgegen seiner sonstigen Bescheidenheit bezeichnet Boltze sich selbst als den eigentlichen Gründer des heutigen Salzmünde.

Die Unternehmen werden ab 1920 von Carl Wentzel erweitert. 1921 kommt der Bau einer Gärtnerei hinzu. In den Jahren 1918 bis 1923 werden die Siedlung Salzmünde und das Rathaus errichtet. Der in Brachwitz geborene spätere Oberamtmann studiert nach der gymnasialen Ausbildung Jura und Landwirtschaft. Dem schließt sich eine längere Weltreise an. Als sein Vater 1907 stirbt, übernimmt der 31-jährige das gesamte elterliche Unternehmen mit allen Betrieben. Bereits 1906 heiratet er Boltzes Tochter Ella von Zimmermann. Damit fallen ihm Jahre 1915 durch Erbfolge außerdem die landwirtschaftlichen und industriellen Betriebe der Firma I. G. Boltze zu.

Der ebenfalls sozial engagierte, nunmehrige Großgrundbesitzer widmet sich neben der Errichtung von Arbeiterwohnungen und der Schaffung einer Stiftung respektive eines Pensionsfonds dem Aufbau und der Erweiterung solcher Industriebetriebe wie der Zuckerfabrik, der Grube „Henriette" und der Kaolinwerke. Abnehmer des Kaolins und des hochfeuerfesten Tones sind neben fast allen deutschen Porzellanfabriken unter anderem auch Italien, Spanien, Finnland, Dänemark, Polen und Ungarn. Am 30. Juli 1944 wird Carl Wentzel von den Nationalsozialisten verhaftet, wegen Hochverrats angeklagt und zum Tode verurteilt. Die Verschwörer des gescheiterten Attentats auf Hitler hatten sich im Wentzelschen Teutschenthaler Schloss getroffen. Dabei soll er sich im Bekanntenkreis „schwer zersetzend" geäußert und bedauert haben, „dass sich kein Offizier findet, unseren Führer zu erschießen". Am 20. Dezember 1944 vollstrecken die nationalsozialistischen Machthaber das Urteil in Berlin-Plötzensee durch den Strang.

*

Zu den Persönlichkeiten aus Salzmünde gehört zweifelsohne Paul Holdefleiß (1865-1940), ein Agrarwissenschaftler mit einer geradezu „enzyklopädischen Interessenvielfalt" und maßgeblicher Mitbegründer der Agrarmeteorologie. 1894 promoviert er an der Universität Halle mit einer Dissertation über die Bedeutung der Rohfaser für die Tierernährung. Als Assistent von Julius Kühn beschäftigt er sich auch in den folgenden Jahren überwiegend mit Fragen der Tierernährung und der Futterqualität. 1897 habilitiert er sich in Halle mit einer experimentellen Arbeit über die Zusammensetzung der Stroh- und Spreuarten. Bis zu seinem Tode ist Holdefleiß als Hochschullehrer in Halle tätig. Nach fünfjähriger Tätigkeit als Privatdozent wird er 1902 zum außerordentlichen Professor für Landwirtschaft und Vorsteher der Abteilung Pflanzenbau und Meteorologie des Landwirtschaftlichen Instituts der Universität Halle ernannt. Ab 1920 wirkt er als Ordinarius am neu gegründeten Institut für Pflanzenbau und Pflanzenzüchtung.

Schiepzig

Die kleine Schiepziger Kirche St. Helena wird wohl in der Mitte des 13. Jahrhunderts erbaut sein. Es ist auch denkbar, dass die Kirche bereits mit der Verbreitung des Christentums anfangs des 12. Jahrhunderts zu Ehren der heiligen Helena (die Leuchtende) gegründet wird. Die Lebensdaten der Flavia Iulia Helena – auch bekannt als Sankt Helena, Helena von Konstantinopel, Heilige Helena, Helena Augusta oder Kaiserin Helena – sind nicht genau überliefert. Man vermutet, dass sie 248 oder 250 in Drepanon in der Provinz Bithynien am Bosporus geboren ist. Bekannt wird Helena als Mutter des römischen Kaisers Konstantin des Großen. 312 lässt sie sich taufen. Von Konstantin wird sie zur Augusta (die Erhabene) erhoben. 324 reist Augusta nach Palästina. Es wäre die erste Wallfahrt einer christlichen Frau in das Heilige Land, die überliefert wäre. Die Legende besagt, dass Helena hier das Kreuz Christi gefunden hat.

Der Kirchturm ist romanisch. Das Schiff ist 1828 abgebrannt. Es wird nach dem Brand erst 1874 erneuert. In den Schallarkaden des Turmes befindet sich eine kleine Inschrift von 1627, die auf den Brand des Nachbarortes Brachwitz hinweist. In einem strengen Winter während des Dreißigjährigen Krieges (1618-1648) werden die Glocken gestohlen. Sie sollen eingeschmolzen und zu Kanonen vergossen werden. Doch die zugefrorene Saale trägt die Diebe mitsamt ihrem Diebesgut nicht. Sie brechen im Eis ein und versinken mitsamt der Glocken im eisigen Fluss. Die Glocken werden später geborgen. 1703 wird die Kirche repariert und „das ganze Kirchengebäude auf guten Stand gebracht." Dabei stellt man fest, dass die beiden Glocken und die Uhr auf dem Glockenturm einen guten Zustand aufwiesen.

In seiner „Diplomatisch-historischen Beschreibung des Saalkreises" schreibt Dreyhaupt 1773: „Das Gebäude der Kirche

ist alt, verschiedentlich repariert, hat eine kleine Orgel, so 1713 geschafft, und 2 alte Glocken mit Muenchsschrifft, die größte von 20, die kleine von 8 Centnern." Die alte Orgel versagt „mitten in der Erntezeit" 1712 ihren Dienst.

Die bereits ein Jahr später mit dem Geld von Wohltätern in der Gemeinde gekaufte Orgel wird 1795 eingeweiht. Gebaut hat dieses Instrument der Orgelmacher Michael Lintsch – oder Lynch? – aus Löbejün.

Interessant sind die Aufzeichnungen über den Verdienst eines Pfarrers aus dem Jahr 1699. Für das Begräbnis eines Kindes erhält er 1 Gr. 6 Pf., bei Beerdigung eines Erwachsenen 3 Gr., wenn eine Predigt gehalten wird 12 Gr und für den Leichenzug, besonders 2 Gr. Zum Vergleich: der Schulmeister empfängt unter anderem von einem Kind, das schreibt 6 Pf., von den anderen Kindern 3 Pf. und zur Heizung von jedem Kind 5 Bund Lang-Stroh.

Eine erste Erwähnung der Ortschaft findet sich bei Dreyhaupt, der von der Existenz einer Schenke unterhalb von Schiepzig 955 schreibt. Im Kapitel 189. Dorff und Pfarrkirche, steht: „Die Pfarrkirche heist zu S. Helenae, wie aus einer vor einiger Zeit, als das Kirchen- und Thurm-Dach repariret worden, im Knopfe ein längliches Schächtelchen, auf Pergament geschriebenen Nachricht erhelicht: ‚Anno dni MCCCCLXXXXVIII. Sabat. ante Quasimodogen. is upgerichtet die spitzge up der Kyrchen Scte Helene zu Schiprz mith dem halben dake' … Das Dorff hat etliche mahl Feuersbrünste, auch Hagelschaden, sonderlich 1707 erlitten, und ist, wann die Saale austritt, dem Wasserschaden unterworffen. In uhralten Zeiten ist ein adelich Geschlecht zu Schiepzig gesessen gewesen, das sich davon geschrieben, davon sich Heroldus de Schipz 1217 und Petrus de Schipz 1292 findet."

Der auf der kolorierten Zeichnung von Jutta Krause-Petroll aus dem Jahr 1986 noch gut sichtbare Schornstein auf dem Kirchendach existiert nicht mehr. Ein Denkmal auf dem Kirchhof erinnert an die Opfer des Deutsch-Dänischen Krieges 1864

– auch als Zweiter Schleswigscher Krieg oder Zweiter Schleswig-Hosteinischer Krieg erwähnt – und des Deutsch-Französischen Krieges 1870/71.

Die Kirchenbücher werden seit 1666 geführt. Dadurch ist nachweisbar, dass von 1666 bis 1940 insgesamt 17 Pfarrer die Pfarrstelle in Schiepzig innehatten. Bis zum Jahre 1968 wohnen weitere acht Pastoren im Pfarrhaus. Seitdem erfolgt die Betreuung der Kirchengemeinde von Pfarrern außerhalb von Schiepzig.

Ober-Teutschenthal

„Das Wahrzeichen des Ortes ist die weithin sichtbare Kalihalde", lesen wir in dem kleinen Büchlein „Der Saalkreis zur Jahrtausendwende". Die Halde und der Kalibergbau haben Teutschenthal allerdings wahrlich keinen Ruhm gebracht. Man denke nur an den Gebirgsschlag vom Mai 1940, bei dem 42 Kumpel ihr Leben lassen mussten sowie an den neuerlichen Gebirgsschlag vom 11. September 1997, frühmorgens 5:36 Uhr, der im zwölf Kilometer entfernten Halle-Neustadt Schrankwände verrutschen, Scheiben zerbersten und Tassen und Gläser aus den Schrankwänden und Regalen gleiten lässt. Eher sprechen Motorsport-Enthusiasten von begeisternden Weltmeisterschafts- und Deutsche Meisterschafts-Läufen auf der Motocross-Strecke im Talkessel von Teutschenthal.

Erstmals urkundlich erwähnt wird Teutschenthal zwischen 881 und 899 im Hersfelder Zehntverzeichnis als Dussina und Teutschenthal-Mitte als Osniza. Ausschlaggebend für die Ansiedlung könnte der kleine Bach Würde gewesen sein. Schon bald entstehen an seinem Ufer die Dörfer Codsdorf, Deutsen, Ibitz, Ösnitz, Posdorf und Würden. Im Laufe der Jahrzehnte und Jahrhunderte wandelt sich das slawische Dussina, das heißt Ansiedlung, über Dussne, Deußen, Deußental, Deutzschenthal schließlich zu Teutschenthal. Allerdings habe der Name, schreibt Albert Schröder 1929, „mit ‚Teutsch' nicht das geringste zu tun". Eher deute das slawische Dussne oder Deußen beziehungsweise Deutsen auf „im Tal" hin. Die Entwicklung der Gemeinde hängt maßgeblich zusammen mit ihrer günstigen Lage an der Handelsstraße, die über Querfurt nach Thüringen führt. Entscheidend für den weiteren Aufschwung sind die Erschließung von Braunkohlegruben im 19. Jahrhundert und 1866 der Bau einer Zuckerfabrik sowie die Errichtung des Kali- und Steinsalzwerkes „Krügershall" AG.

St. Laurentius in Ober-Teutschenthal wird vom Kloster Kaltenborn gegründet und 1129 vom Bischof von Halberstadt geweiht. 1365 erfolgt der Verkauf der Kaltenbornschen Besitzungen einschließlich der Kirche an das Stift Merseburg. Damit wird Oberteutschenthal sächsisch. Da Unterteutschenthal weiter zum Bistum Halberstadt gehört und später preußisch wird, verläuft die Grenze zwischen Sachsen und Preußen bis zum Jahre 1815 mitten durch den Ort. Das führt über Jahrhunderte oft zu falschen Schlussfolgerungen, Besitzstreitigkeiten und ständig wechselnden Zuständigkeiten. Bei einem verheerenden Brand 1612 werden viele Gebäude in Oberteutschenthal zerstört. Dabei brennt auch St. Laurentius völlig ab. Den Neubau, der bereits 1617 vollendet ist, veranlasst als ein Vertreter der albertinischen Linie des Fürstengeschlechts der Wettiner Kurfürst Johann Georg zu Sachsen. Auffällig und weithin sichtbar ist seit der Wiedererrichtung von St. Laurentius der gewaltige Zwiebelhelm mit Haube.

An anderer Stelle heißt es, beide Orte werden im Dreißigjährigen Krieg zwischen 1618 und 1648 völlig zerstört. Wolf Thilo von Trotha, dessen Geschlecht seit der ersten Generation – dem 1362 geborenen Wolf von Trotha – von den Grafen von Mansfeld mit dem Hause Würdenburg beliehen wurde, veranlasste maßgeblich den Wiederaufbau der beiden Dörfer. 1848 ging die Würdenburg an den Rittergutsbesitzer Schmidt über.

Im Kirchenschiff sind noch Bruchstücke alter steinerner Bilder vorhanden. Hinter dem Altar mit dem Schriftzug „EHRE SEI GOTT in der Höhe" steht links an der Ostwand Mose mit den Gebotstafeln. Rechts sind Apostel und die Golgatha-Szene zu sehen. Auf dem Hügel Golgatha außerhalb Jerusalems soll Jesus von Nazareth gekreuzigt worden sein. Die Skulpturen waren früher Teil der steinernen Vorgängerkanzel. Die heutige hölzerne Kanzel wird im 18. Jahrhundert errichtet. An der Empore von 1667 zeigen insgesamt 22 Gemälde das Leben und den Leidensweg Christi sowie die zwölf Apostel. Gegen Ende des 19. Jahrhunderts werden sie eher irrtümlich mit Lackfarbe überstrichen. Nachdem sie über fünf Jahrzehnte nicht mehr zu sehen sind, erneuern sie der hallesche Restaurator und Kirchenmaler Fritz Lewecke 1950. Allerdings sorgt der Text „Gemälde Empore 1937 erneuert" in einem Emporenfeld für einige Verwirrung und Irritationen …

„Lasset die Kindlein zu mir kommen und wehret ihnen nicht – AO 1696", ist auf dem Taufstein vor dem Kanzelaltar zu lesen. Ein ebensolcher Stein steht in Freyburg an der Unstrut. Der dortige Meister Wickardt hat das Pendant dem Teutschenthaler Gotteshaus geschenkt. Das ist in einem umlaufenden, dem Spender gewidmeten Textband auf dem Sockelfuß dokumentiert: „Diesen Taufstein hat Rudolph Wickardt zu Freyburg a. U. in diese Kirche verehret." Zwischenzeitlich wird der Stein etwa hundert Jahre später entfernt und durch einen profanen Tauftisch ersetzt. Weitere hundert Jahre danach findet man Anfang des 20. Jahrhunderts Teile des Freyburger Taufsteins, restauriert die Widmung und vervollständigt die Ornamente. Oberamtmann Wentzel finanziert die Wiederherstellung des Mittelstücks, und in den zwanziger Jahren des vorigen Jahrhunderts stiften Konfirmanden und Gemeindeglieder die Taufkanne und das Taufbecken. Über dem gesamten Kirchenschiff spannt sich ein Tonnengewölbe mit zwei noch recht gut erhaltenen Deckengemälden.

Auf einer steinernen Tafel an der Wand steht zu lesen: „1129 – 1929 zur Erinnerung an die 800 Jahrfeier unserer Kirche, verbunden mit dem 2. Kreiskirchentage der Ephorie Schraplau. 23. Juni 1929." Auf der Hufeisenempore steht eine Orgel, deren Erbauer jedoch nicht eindeutig geklärt ist. Einerseits soll es sich um eine Rühlmann-Orgel handeln. Andererseits sei dies nicht eindeutig verbürgt, obwohl ein kleines Metallschild „Wilhelm Rühlmann • Zörbig bei Halle" links oberhalb der Tastatur auf den bekannten Orgelbaumeister verweist. Sei's drum; zumindest ist sie spielbar und erklingt wohltönend zu den verschiedensten Anlässen, ebenso die einzige Glocke im Kirchturm. Die Fahne auf der Kirchturmspitze trägt die Jahreszahl 1990.

Die Uhr, wird mir versichert, geht auf die Minute. Davon kann ich mich umgehend überzeugen. Einmal pro Woche wird das

Uhrwerk aufgezogen. Der Turm ist 1962 neu gedeckt worden. Im Jahr 2011 wird er mittels Hebebühne ausgebessert. Einige Schieferziegel haben sich gelockert und sind heruntergefallen. Allerdings wird man bei künftig notwendigen Ausbesserungsarbeiten strikt darauf achten, dass die Industriekletterer das Turmdach nicht betreten. Dabei können die Dachnägel, mit denen die Ziegel befestigt sind, leicht wegbrechen. Der Schaden wäre dann noch größer …

Unter-Teutschenthal

Die Kirche St. Vitus in Unter-Teutschenthal wird wie auch die Kirche St. Laurentius in Ober-Teutschenthal vom Kloster Kaltenborn bei Emseloh nach einem Beschluss von 1120 errichtet und im Jahre 1129 vom Bischof von Halberstadt geweiht. Nach dem Verkauf der Kaltenbornschen Besitzungen in Oberteutschenthal samt Kirche an das Stift Merseburg im Jahre 1365 bleiben die Kirche und die Besitzungen des Klosters in Unter-Teutschenthal weiterhin im Gebiet des Bistums Halberstadt und werden später preußisch. So kommt es, dass bis zum Jahre 1815 die Grenze zwischen Sachsen und Preußen mitten durch den Ort verläuft.

1675 wird St. Vitus, wie über dem nördlichen Hauptportal zu sehen ist, in seiner heutigen Form errichtet. Dabei wird der gotische Turm des Vorgängerbaues aus dem 15. Jahrhundert integriert. Nachdem die Kirche im Dreißigjährigen Krieg stark beschädigt wird, beginnt 1740 der Wiederaufbau. Gleichzeitig wird die Kirche umgebaut. Da die Trothaer als Grund-, Erb- und Gerichtsherren die Schutzherrschaft innehatten, lässt Wolf Thilo von Trotha das Gotteshaus um den Altarraum, in dem sich ein hölzerner Kanzelaltar befindet, erweitern. Angebaut wird der Nordflügel mit verglaster Patronatsloge und Patronatsstuhl. Das Kirchenschiff schließt seitdem ein einfaches Tonnengewölbe ab.

Noch gut lesbar und beinahe mühelos zu entziffern ist über dem erwähnten Hauptportal die Inschrift „16 W.T.V.T.A.V.T.G.V.HB. 75". Die Versalien deuten hin auf Wolf Thilo von Trotha, Anna von Trotha, geborene von Hakeborn. Anna von Trotha war die Mutter von Thilo Leberecht von Trotha. Zwei Säulen mit korinthischen Kapitellen begrenzen das Portal zu beiden Seiten. Über dem Torbogen ist ein dekorativer Schlussstein sichtbar. Thilo Leberecht von Trotha gilt als Erbauer des Barockflügels am Schloss Hecklingen. Im dortigen Festsaal mit seinem reichen figürlichen

Stuckornament und der Deckenmalerei befindet sich noch heute ein Porträt des Erbauers Thilo Lebrecht und ihm gegenüber das seiner Ehefrau Amalie v. Pfuel. Gut Hecklingen war von 1461 bis 1945 im Besitz der Familie von Trotha.

Der spätere weitere Wiederaufbau der Kirche liegt in den Händen der Gemeinde. Der Turm mit Spitzbogenfenstern erhält schlichten Mörtelputz und einen Turmhelm. Inzwischen ist er wieder steinsichtig. Größere Risse ziehen sich sowohl außen am Turm als auch in der Kirche neben dem Altar sichtbar über eine größere Fläche. Mittels mehrerer Mauermarken, angebracht am 13. Juli 2011, werden mögliche Bewegungen beobachtet.

Beeindruckend ist das Gesamtbild des Kircheninneren durch die zweietagige hufeisenförmige Empore, den ungewöhnlich hohen und dadurch imposanten Hochaltar mit einer Kanzel zwischen zwei Säulen, auf denen eine Arkade ruht, und dem Taufstein aus der Renaissance. Neben den Säulen befanden sich über den Türen zur Kanzel zwei Figuren; links Moses mit einer Gebotstafel und rechts Jesus mit dem Kreuz. Diese Figuren werden 1996 von Dieben nach deren gewaltsamen Eindringen in das Gotteshaus gestohlen. Auch in Unterteutschenthal wird ebenso wie in der Oberthaler Kirche St. Laurentius auf einer steinernen Tafel im Kircheninnern an ein Jubiläum erinnert. „1129 – 1929 zur Erinnerung an die 800 Jahrfeier unserer Kirche, verbunden mit dem 2. Kreiskirchentage der Ephorie Schraplau. 23. Juni 1929", steht hier wie dort zu lesen.

Der Glockenstuhl wird im Jahre 1783 erneuert. Von den ehemals drei alten Glocken ist nur noch die große Glocke mit einem Durchmesser von 1,20 Meter vorhanden. Sie besitzt eine bemerkenswert hohe Klangreinheit. Die beiden anderen Glocken sind wie viele andere Glocken in den Kirchen der Region zu Rüstungszwecken eingeschmolzen worden. Die Wäldnerorgel stammt von 1858.

Die Grablege der Trothaer befindet sich bis in die Mitte des 20. Jahrhunderts im Kellergewölbe der Kirche. Als etwa in den

fünfziger Jahren eine Gasheizung eingebaut wird, entfernt man die Särge mit den sterblichen Überresten. Sie sind seitdem verschollen.

*

Schließlich soll über einen aus heutiger Sicht zugegebenermaßen wenn nicht gar makabren, so doch allemal absonderlichen Brauch berichtet werden. Wie in zahlreichen anderen Gemeinden ist es auch im Teutschenthal des letzten Jahrhunderts üblich, einem Verstorbenen mit einem Trauerzug durch den Ort das letzte Geleit zu geben. Begleitet vom Glockengeläut der nahen Kirche wird der Sarg auf einem Wagen, der von Pferden gezogen wird, vom Wohnsitz des Toten zum Friedhof begleitet. Meist führt eine Bergmanns- oder Feuerwehrkapelle den Zug an und intoniert sowohl auf dem Weg zur letzten Ruhestätte als auch am Grab getragene Weisen. Nach der Bestattungszeremonie verlassen die Musiker den Friedhof und stimmen nach alter Sitte auf dem Heimweg die Melodie an: „Freut euch des Lebens, weil noch das Lämpchen glüht. Pflücket die Rose, eh sie verblüht …"

Zappendorf

Cyriakus Spangenberg berichtet im 16. Jahrhundert über Zappendorf kurz und bündig: „Ist ein Filial, gen Müllerdorf gehörig. Sonst habe ich nichts Gedechtniswürdiges gefunden." Das kann man so nicht stehenlassen. Zappendorf soll 1211 erstmals erwähnt worden sein. Als Wasendorp kommt es im Jahr 1288 in der Literatur vor, 1442 als Zabendorf. Die Bezeichnung könnte auf Zabab, einen Langobardenkönig aus dem 6. Jahrhundert verweisen. Durch die Gemeinde in der „Toskana des Ostens" fließen die Bäche Salza, Würde und Laweke. Zahlreiche Wanderrouten, darunter der Lutherweg, der Europäische Fernwanderweg E11, der Saale-Harz-Fernweg und die Weinstraße Mansfelder Seen, erhöhen die Attraktivität des Ortes. Das Landschaftsschutzgebiet Laweketal und die Naturschutzgebiete Muschelkalkhänge und Salzatal, durchzogen von Natur- und Vogellehrpfaden, umgeben Zappendorf. Höchste Erhebung ist der 143 Meter hohe Hügelberg; wohl eher ein Berghügel. Als Sehenswürdigkeiten gelten neben drei Kirchen eine Betsäule aus dem frühen 16. Jahrhundert, Händels Weinberg, drei Mühlen und die Kalkbrüche.

Jüngste der drei Kirchen ist die katholische Dorfkirche St. Elisabeth. Die agrarindustriellen Unternehmen Johann Gottfried Boltzes erfordern Mitte des 19. Jahrhunderts den Zuzug von Landarbeitern besonders aus dem katholischen Eichsfeld und aus Polen. Diesen Landarbeitern und ihren Familien Gelegenheit zu geben, regelmäßig ihrem Glauben gemäß Gottesdienste abzuhalten, wird am 17. August 1868 der Grundstein für ein Gemeindezentrum mit katholischer Volksschule, Pfarrwohnung und Kirche gelegt. Schon ab 4. April 1869 können die Katholiken ihre Messe im eigenen Gotteshaus feiern. Drei Jahre nach der Grundsteinlegung weiht Bischof Dr. Konrad Martin von Paderborn die Kirche auf den Namen der Heiligen Elisabeth von Thüringen. In einem Auszug aus der Pfarrchronik heißt es: „Am 18. Juli 1872 wurde die Kirche vom Hochwürdigsten Herrn Bischofe feierlich consecriert ...“ Daneben hängt eine Abschrift der Ernennungsurkunde vom 21. Dezember 1865 für den Missionsvikar August Franz Schwirling. Ein Foto zeigt die Feier zur 125-jährigen Kirchweihe am 18. Juli 1995. Übrigens steht noch heute am Eingang zum Kirchengelände ein Birnbaum, der seinerzeit anlässlich des Baues der Kirche gepflanzt wird.

1895 brennt der Kirchturm nach Blitzeinschlag und wird wieder aufgebaut. 1916 erfolgt der Neubau der Orgel durch die Firma Speith, 1848 als Orgelbauanstalt im westfälischen Rietberg gegründet. 1948 erhebt der Paderborner Erzbischof Lorenz Jaeger die Seelsorgestelle zur selbstständigen Pfarrei. Erster Pfarrer ist Wilhelm Hennes. Die Urkunde ist datiert vom 30. August 1948. Ebenfalls 1948 werden Altar, Fenster und Kirchensaaldecke neugestaltet. Am 30. Mai 1954 erhält St. Elisabeth einen neuen Altar, den Weihbischof Friedrich Maria Rintelen aus Magdeburg weiht. Unter Pfarrer Alfred Götz wird der Altarbereich 1973-1975 erneut umgestaltet. 1994-1996 erfolgt die Ziegel-Neueindeckung des Kirchdaches. Der Turm wird mit Schieferschindeln gedeckt. Von der jüngsten Eindeckung zeugt die Jahreszahl 1994 in der Fahne. Seit 1998 steht die Kirche unter Denkmalschutz. 2001 wird sie erneut renoviert.

An den Säulen der Orgelempore befinden sich rechts mit St. Petrus sowie St. Elisabeth und links mit St. Antonius von Padua und St. Gertrud von Helfta erhalten gebliebene Figuren des einstigen neogotischen Schnitzaltars aus dem späten 19. Jahrhundert. Der Taufstein unter der Orgelempore stammt aus dem Jahr 1955.

Reich ausgestattet ist die Pfarrkirche mit Buntglasfenstern. Die Fenster auf der Orgelempore stammen aus Quedlinburg und sind dort 1955 von Mitarbeitern der Kunstanstalt für Glasmalerei Ferdinand Müller und der Glaswerkstätten Schneemelcher gefertigt. Sie enthalten – in ungeordneter und nicht vollständiger Reihenfolge – Kirchdaten und Wappen der Bischöfe Dr. Konrad Martin, Lorenz Jaeger und Friedrich Maria Rintelen, zeigen die

Heilige Elisabeth, die „die benachbarten Ortschaften Gorsleben, Krimpe, Zörnitz, Fienstedt und Gödewitz mit großen Wohltaten" beglückte, sowie den Bierhügelstein und Freibierfässer. Ein Kirchenfenster enthält die zwölf Tierkreiszeichen sowie die Mutter Gottes auf dem Drachen und die Geburt Jesu. In Medaillons sind die Kreuzigung Jesu, die Herabkunft des Heiligen Geistes und der lehrende Christus mit Maria und Aposteln dargestellt.

Hubert Kleemann aus Stendal studierte von 1947 bis 1952 an der halleschen „Burg". Das Kreuz auf dem Altar hat er 1956 geschaffen. Oberhalb lesen wir die griechischen Worte phos für Licht und zoe für Leben. Kleemann gestaltet 1973 auch den Altarraum und die Tabernakelsäule. Neben dem Kreuz steht die Heilige Elisabeth. Sie hält eine Rose in den Händen. Auf der anderen Seite ist die Wartburg stilisiert dargestellt. Gezeigt werden die „Werke der Barmherzigkeit": Durstige tränken, Hungrige speisen, Fremde beherbergen, Nackte bekleiden, Gefangene befreien, Kranke besuchen, Tote begraben.

Auf je sieben bemalten quadratischen Kacheln rechts und links an den Wänden hat Paul Zimmermann aus Leipzig 1975 den Kreuzweg gestaltet. Der Künstler hat sich über mehr als 50 Jahre vor allem auf dem Gebiet der Buch- und Schriftgestaltung bleibende Verdienste erworben.

Die katholische Pfarrei Halle-Nord, zu der Zappendorf gehört, gibt auf ihrer Homepage einen Überblick über das Leben in ihren Gemeinden. Namenspatron der Pfarrei ist der österreichische Priester Carl Lampert, der am 13. November 2011 in Dormbirn seliggesprochen wurde. Wegen seines mutigen Eintretens für den 1940 im KZ Buchenwald ermordeten Tiroler Pfarrer Otto Neururer war er am 13. November 1944 in Halles berüchtigtem Zuchthaus „Roter Ochse" hingerichtet worden. Im Gedenken an Carl Lampert läuteten am Tag der Seligsprechung die Kirchenglocken in ganz Vorarlberg und an seinem Todesort in Halle 15 Minuten lang.

*

Ein Kleinod spätgotischer Steinmetzkunst ist die Betsäule von Zappendorf aus dem Jahre 1518. Über Herkunft und Historie des etwa vier Meter hohen Bildstocks ist so gut wie nichts bekannt. Die Inschrift „1*5*1*8 – Nickel Kleyn – dem gott – gnade" überlässt es dem Betrachter und seiner Fantasie, ob besagter Nickel Kleyn ermordet wurde, einem tragischen Unfall, einer Seuche oder einem Kriege zum Opfer fiel. Auf der spätgotischen, vorreformatorischen Säule noch gut zu erkennen sind die Kreuztragung und Geißelung Jesu, dessen Mutter Maria, die Kreuzträger Simon von Kyrene und Joseph von Arimathäa, die Kreuzigungsszene mit Maria sowie die Apostel Nikolaus und Bartholomäus. 1639 wird der Bildstock ausgebessert. Eine erneute Reparatur erfolgt 1903. Schließlich wird neben einer weiteren umfassenden und aufwändigen Restaurierung 2004 auch der Säulensockel freigelegt. Eine weitere Betsäule aus dem Jahr 1455, die im Herbst 2012 ebenfalls nach monatelanger Restauration wieder sichtbar ist, steht am halleschen Universitätsring.

Urkundlich belegt ist, dass Georg Friedrich Händels Vater, der Amtschirurg Georg Händel (1622-1697), in der Mark Pohlingen Flur Müllerdorf einen Weinberg besessen hat. Ursprünglicher Besitzer war allerdings bereits der Großvater des Komponisten, Kupferschmied Valentin Händel. Dies belegen ein Erbzinsregister und eine Verkaufsurkunde aus dem Jahre 1652.

Ein besuchenswertes Landwirtschafts- und Heimatmuseum lädt zum Blick in Stube, Kammer, Küche und damit hinter die Kulissen der „guten alten Zeit" ein. Da werden bei Frühergeborenen rasch Erinnerungen an harte Arbeit, viel Schweiß und noch mehr Müh' und an die „Freuden" des Bauernlebens wach. Außerdem kann im Museum eine einzigartige Mineraliensammlung mit einer Vielfalt hiesiger Gesteine sowie Exoten aus Übersee bestaunt werden.

*

Zwei Kuriosa sollen dem geneigten Leser nicht vorenthalten bleiben: Schon immer sind die Zappendorfer wohl in Sachen Finanzeinnahmen recht umtriebig und rührig. So füllen seinerzeit neben der Gemeindesteuer eine Biersteuer und eine Jagdpacht, die

Lustbarkeitssteuer und Steuern für Kino und Theater sowie für Schießbuden und diverse Tanzveranstaltungen das Gemeindesäckel. Steuerlich zur Kasse gebeten werden außerdem Seiltänzer, Karusselbesitzer und Kunstreiter.

Ebenfalls zum mindestens nachdenklichen Schmunzeln regt diese Mitteilung an: Am 30. Januar 1974 wird für die Volksvertretung das SED-Zentralorgan „Neues Deutschland" bestellt. Damit soll gewährleistet werden, dass alle Abgeordneten das sozialistische Parteiblatt lesen. Zentralistisch, wie der Apparat nun mal aufgebaut war, erfolgt die Bezahlung vom Rat der Gemeinde durch Abzug des Betrages von der Pauschalentschädigung. Einschränkend wird mitgeteilt: „Ausgeschlossen werden die Volksvertreter, welche bereits das ND lesen".

Literaturverzeichnis

Ärzte-Woche, Der Barthsche Riese und andere Hühnen, 9. Februar 2006.

Albertz, Rainer: Elia. Ein feuriger Kämpfer für Gott. Evangelische Verlagsanstalt. Leipzig 2006.

Bachmann, Felix: Herrschaft und Wirkung, Adel und Großgrundbesitzer in Halle und den westlichen Saalkreis, Mitteldeutscher Verlag. Halle 2009.

Bauer, Katrin: Gotteshäuser zu verkaufen, Beiträge zur Volkskultur in Nordwestdeutschland, Hrsg.: Volkskundliche Kommission für Westfalen, Landschaftsverband Westfalen-Lippe, Band 117, Verlag Waxmann. Münster/New York/München/Berlin 2011.

Becker, Manfred: Der Saalkreis zur Jahrtausendwende. Verlag Manfred Becker, Fachverlag für Tourismus. Berga o. J.

Dehio, Georg: Handbuch der deutschen Kunstdenkmäler, Bezirk Halle. Berlin 1976.

Desarnaulds, Victor / Loerincik, Yves: Vases acoustiques dans les églises du Moyen Age, in: Mittelalter – Moyen Age – Medioevo – Temp medieval, Zeitschrift des Schweizerischen Burgenvereins, 6. Jahrgang, Heft 3, 2001.

Die Wochenpost, Berlin, Ausgabe 1/1978.

Döll, Manfred: Die größte Frau der Welt stammte aus dem Saalkreis, in: Heimat-Jahrbuch Saalkreis, Band 3, S. 72, Landratsamt Saalkreis 1997.

Drechsel, Wolfgang: Naturpark Unteres Saaletal, Wander- und Reiseführer. Schäfer Druck & Verlag GmbH. Langenbogen 2007.

Drechsel, Wolfgang: Rund um Burgen und Schlösser im historischen Saalkreis, Wander- und Reiseführer. Schäfer Druck & Verlag GmbH. Langenbogen 2007.

Drechsel, Wolfgang: Weinstraße Mansfelder Seen, Wander- und Reiseführer. Schäfer Druck & Verlag GmbH. Langenbogen 2009.

Dreyhaupt, Johann Christoph v.: Pagus Neletici et Nudzici oder ausführliche diplomatisch-historische Beschreibung des Saal-Creyses. Halle 1749/50.

Dufft, Pastor: Chronik der Pfarre Fienstedt, 1895.

Förderverein Evangelische Dorfkirche zu Holleben e. V., Evangelische Dorfkirche zu Holleben, 2005.

Förderverein Evangelische Dorfkirche zu Holleben e. V., Festschrift zur Wiedereinweihung der restaurierten Böhme-Orgel 2009.

Freunde der Bau- und Kunstdenkmale Sachsen-Anhalt e. V.: Hrsg., Gefährdete Baudenkmale in Sachsen-Anhalt, Nr. 37 Dorfkirche Gütz, 2004.

Freunde der Bau- und Kunstdenkmale Sachsen-Anhalt e. V.: Hrsg., Gefährdete Baudenkmale in Sachsen-Anhalt, Nr. 41 Holleben, Muschelgrotte des Beuchlitzer Schlösschens, 2007.

Galléra, Karl Siegmar Baron von: Erinnerung an den Übergang der Heide in das Eigentum der Stadt Halle im Jahre 1929, Heide-Verein e. V. Halle (Saale) 1929-1933, Tätigkeitsbericht des Heide-Vereins über die Jahre 1929-1933

Gehrig, Ernst: Saalkreis – Sachsen-Anhalt, Verlag Ernst Gehrig. Merseburg 1992.

Gerlach, Margarete: Teutschenthal in alten Ansichten, Europäische Bibliothek, Zaltbommel (NL), 1997.

Größler, Hermann: Altheilige Steine in der Provinz Sachsen, in: Neujahrsblätter, Hrsg: Historische Kommission der Provinz Sachsen, Halle 1896.

Größler, Hermann: Die Bedeutung des Hersfelder Zehntverzeichnisses für die Ortskunde und Geschichte der Gaue Friesenfeld und Hassegaues, In: Zeitschrift des Harzvereins für Geschichte und Alterthumskunde, Band 7, S. 85–130, 1834.

Grötschel, Peggy; Behne, Matthias: Die Kirchen der Stadt Halle, Mitteldeutscher Verlag. Halle 2006.

Hädicke, Paul: Hollebener Heimatbuch oder Chronik der Landgemeinde, 1958, ergänzt und weitergeführt von Herbert Kampe und Albrecht Vogt, 1982.

Heckmann, H.: Hrsg., Historische Landeskunde Mitteldeutschlands – Sachsen-Anhalt, Würzburg 1990.

Heimatkalender für Halle und den Saalkreis 1931, Verlag Karras & Koennecke, Halle 1931.

Hertzberg, Gustav F.: Geschichte der Stadt Halle an der Saale während des 18. und 19 Jahrhunderts. Halle 1893.

Hintsche, Otto: Kirchenchronik, aus den Aufzeichnungen des Pastors, 1925.

Kadatz, Hans-Joachim: Wörterbuch der Architektur, Leipzig 1988.

Kämmel, Heinrich: Joerdens, Karl Heinrich, In: Allgemeine Deutsche

Biographie (ADB), Band 14, Duncker & Humblot. Leipzig 1881.

Kirchengemeinde Oppin: Faltblatt, o. J.

Kleine Enzyklopädie Natur, Lexikon, S. 638, VEB Verlag Enzyklopädie. Leipzig 1960.

Kutzke, Georg: Die Viersteine von Krimpe, in: Germanien – Monatshefte für Germanenkunde, Heft 1. Berlin Januar 1940.

Lexikon A-Z in zwei Bänden, Zweiter Band L-Z, Enzyklopädie Volkseigener Verlag, Leipzig 1957.

Lück, Heiner: Der Saalkreis in Vergangenheit und Gegenwart, Beiträge zur Geschichte des Saalkreises. Halle 1990.

Lück, Heiner: Wettiner Grafen, Grenzen und Gerichte, Beiträge zur Geschichte des Saalkreises. Halle 1990.

Meinel, Sabine und Rüdiger, Birthe: Denkmalverzeichnis Sachsen-Anhalt, Band 5, Saalkreis. Hrsg.: Landratsamt für Denkmalpflege Sachsen-Anhalt. Fliegenkopf Verlag. Halle 1997.

Moore, Cornelia Niekus: Susanna Elisabeth Zeidler (1657-1706), Leben und literarisches Wirken einer Dichterin am Ende des siebzehnten Jahrhunderts; in: Susanna Elisabeth Zeidler: Jungferlicher Zeitvertreiber, hrsg. von C. N. Moore. Lang u. a., Bern 2000.

Neuß, Erich: Besiedlungsgeschichte des Saalkeises und des Mansfelder Landes. Weimar 1995.

Neuß, Erich: Wanderungen durch die Grafschaft Mansfeld – Saalisches Mansfeld. Verlag Gebauer & Schwetschke. Halle 1938.

Neuß, Erich: Wüstungskunde der Mansfelder Kreise, Band 2. Weimar 1971.

Oswald, a. Erich / Beitl, Richard: Wörterbuch der deutschen Volkskunde, Kröner Verlag Stuttgart. 3. Auflage 1974.

Pferner, H.-D.: „Der älteste Teil ist der Turm – Kirchen im Saalkreis (12), Heute: OPPIN", in: Tageszeitung „Der Neue Weg", Halle, o. J.
Pritschow, Karl: Hrsg., Wanderlust – Spaziergänge in Halle (Saale) und Ausflüge in die nähere und weitere Umgebung, Verlag Otto Thiele. Halle 1925.

Probst, Anneliese: Impressionen von Fienstedt, in: Heimat-Jahrbuch Saalkreis, Band 1, S. 59-60, Landratsamt Saalkreis 1995.

Seeger, Harry; Hillger, Jutta; Schwertfeger, Kurt; Seidler, Christa (Arbeitsgruppe „Chronik Salzmünde"): Salzmünde im Spiegel der Zeit, Gemeindeamt Salzmünde 2001.

Schlenker, Dr. Gerlinde: Die Kirche von Bennstedt, in: Beiträge zur Regional- und Landeskultur Sachsen-Anhalts, Heft 15, Halle 2000.

Schramm, Hans Joachim, Von der Dölauer Heide bis Rothenburg an der Saale, Verlag Bodo Schwarzberg, Halle

Schröder, Albert: Teutschenthal. Ein Beitrag zur tausendjährigen Geschichte des Ortes. Nachdruck der Originalausgabe von 1929, Halle 1993.

Schulchronik Maschwitz.

Schultze-Galléra, Dr. Siegmar Baron v.: Wanderungen durch den Saal-Kreis, Erster bis Vierter Band, Curt Nietschmann Verlag. Halle 1914-1924.

Schulze, Ingrid: Die Emporenmalereien in der Kirche zu Holleben. Ein Beitrag zum Schaffen Karl Völkers, in: Heimat-Jahrbuch Saalkreis, Band 7, S. 89-93, Landratsamt Saalkreis 2001.

Schulze-Thulin, Britta: Halle (Saale) und Umgebung, Wanderführer für Mitteldeutschland, Mitteldeutscher Verlag. Halle 2010.

Statistisches Bundesamt (Hrsg.): Gemeinden 1994 und ihre Veränderungen seit 01. 01. 1948 in den neuen Ländern. Metzler-Poeschel, Stuttgart 1995.

Stüven, Willfried: Orgeln und Orgelbauer im Halleschen Land vor 1800. Breitkopf und Härtel. Wiesbaden 1964.

Tacke, Ingeborg: Friedrich II. von Preußen als Heiratsvermittler in Beuchlitz, in: Heimat-Jahrbuch Saalkreis, Band 1, S. 32-33, Landratsamt Saalkreis 1995.

Unbekannter Verfasser: Fienstedter Weinseeligkeit, 2006.

Unbekannter Verfasser: Ortschronik Fienstedt o. J.

Unbekannter Verfasser: Saalkreis Sachsen-Anhalt, Hrsg.: Landratsamt Saalkreis, Gehrig Verlag, Merseburg 1995.

Unbekannter Verfasser: Verwaltungsgemeinschaft Götschetal-Petersberg, Broschüre, WEKA-Informationsschriften und Werbefachverlage GmbH, 1997.

Wießner, Eduard: Die Stadt Halle und der Saalkreis. Halle 1881.

Winkler, Eberhard: 1050 Jahre Gutenberg. Hrsg.: Gutenberger Kulturverein Sachsen-Anhalt. e. V., 2002.

Weitere Informationen verdanke ich der Internet-Enzyklopädie Wikipedia.

Ansprechpartner

Angersdorf: Pfarrer Holger Herfurth,
Karl-Marx-Straße 3, 06179 Holleben,
Tel.: 0345 6130291.

Benkendorf: Pfarrer Martin Bröker,
Am Brunnen 8, 06179 Zappendorf,
Tel.: 034609 20424.

Bennstedt: Pfarrer Heiner Urmoneit,
Schlossplatz 4, 06198 Salzatal OT Schochwitz,
Tel.: 034609 21371,
E-Mail: urmoneit@kirche-schochwitz.de.

Beuchlitz: Pfarrer Hans-Dieter Schubert,
Regensburger Straße 111, 06132 Halle,
Tel.: 0345 7758254,
E-Mail: hans-d.schubert@gmx.de.

Braschwitz: Pfarrer Stefan Domke,
Dorfstraße 5, 06188 Hohenthurm,
Tel.: 034602 50111,
E-Mail: st.domke@gmx.de.

Fienstedt: Pfarrer Heiner Urmoneit,
Schlossplatz 4, 06198 Salzatal OT Schochwitz,
Tel.: 034609 21371,
E-Mail: urmoneit@kirche-schochwitz.de.

Gorsleben: Pfarrer Heiner Urmoneit,
Schlossplatz 4, 06198 Salzatal OT Schochwitz,
Tel.: 034609 21371,
E-Mail: urmoneit@kirche-schochwitz.de.

Großkugel: Pfarrer Siegfried Lemke,
Kirchwinkel 7, 06258 Schkopau OT Lochau,
Tel.: 0345 6889117,
E-Mail: kirche.lochau@t-online.de.

Gütz: Pfarrer Thomas Eichfeld,
Walter-Rathenau-Straße 5, 06188 Landsberg,
Tel.: 034602 20330,
E-Mail: thomaseichfeld@yahoo.de.

Gutenberg: Gemeindepädagoge und Pfarrer David Joram,
Dorfstraße 19, 06193 Götschetal, OT Teicha,
Tel.: 034606 20333, E-Mail: david.joram@web.de.

Holleben: Pfarrer Hans-Dieter Schubert,
Regensburger Straße 111, 06132 Halle,
Tel.: 0345 7758254, E-Mail: hans-d.schubert@gmx.de.

Kanena: Pfarrer Siegfried Lemke,
Kirchwinkel 7, 06258 Schkopau OT Lochau,
Tel.: 0345 6889117,
E-Mail: kirche.lochau@t-online.de.

Kösseln: Pfarrerin i. E. Maria Bartsch,
Am Kirchhof 4, 06193 Wettin-Löbejün
Tel.: 0345 1353785 (privat),
E-Mail: pfrn.mariabartsch@gmx.de.

Krimpe: Pfarrer Heiner Urmoneit,
Schlossplatz 4, 06198 Salzatal OT Schochwitz,
Tel.: 034609 21371,
E-Mail: urmoneit@kirche-schochwitz.de.

Langenbogen: Pfarrer Heiner Urmoneit,
Schlossplatz 4, 06198 Salzatal OT Schochwitz,
Tel.: 034609 21371,
E-Mail: urmoneit@kirche-schochwitz.de.

Lettewitz: Pfarrer Andreas Schuster,
Könnersche Straße 3, 06198 Wettin,
Tel.: 034607 20434 oder 20450,
E-Mail: paw.schuster@t-online.de.

Lettin: Pfarrer Martin Eichner,
Franz-Mehring-Str. 9b, 06120 Halle (Saale),
Tel.: 0345 5504107,
E-Mail: martin.eichner@kirche-doelau-lieskau.de.

Lochau: Pfarrer Siegfried Lemke,
Kirchwinkel 7, 06258 Schkopau OT Lochau,
Tel.: 0345 6889117,
E-Mail: kirche.lochau@t-online.de.

Müllerdorf: Pfarrer Martin Bröker,
Am Brunnen 8, 06179 Zappendorf,
Tel.: 034609 20424.

Naundorf: Pfarrer Siegfried Lemke,
Kirchwinkel 7, 06258 Schkopau OT Lochau,
Tel.: 0345 6889117,
E-Mail: kirche.lochau@t-online.de.

Oppin: Pfarrer Stefan Domke,
Dorfstraße 5, 06188 Hohenthurm,
Tel.: 034602 50111,
E-Mail: st.domke@gmx.de.

Pfützthal: Pfarrer Martin Bröker,
Am Brunnen 8, 06179 Zappendorf,
Tel.: 034609 20424.

Salzmünde: Pfarrer Martin Bröker,
Am Brunnen 8, 06179 Zappendorf,
Tel.: 034609 20424.

Schiepzig: Pfarrer Martin Bröker,
Am Brunnen 8, 06179 Zappendorf,
Tel.: 034609 20424.

Ober-Teutschenthal: Pfarrer Volker Rösiger,
Karl-John-Straße 52, 06179 Teutschenthal,
Tel.: 034601 22863.

Unter-Teutschenthal: Pfarrer Volker Rösiger,
Karl-John-Straße 52, 06179 Teutschenthal,
Tel.: 034601 22863.

Zappendorf: Pfarrer Johannes Werner,
E-Mail: pfr.j.werner@web.de,
Gemeinde St. Elisabeth Zappendorf-Dölau,
Dr. Hans-Litten-Straße 5, 06120 Halle,
Tel.: 0345 5504629,
E-Mail: kath.doelau@gmx.de,
Bürozeiten: Mi. von 18 bis 19 Uhr.

Begriffsdefinitionen

Akantusvoluten: Das distelartige Akanthus-Blatt (altgr. ho akanthos: der Dornige) oder der Blätterkelch des Acanthus spinosus ist als stilisierendes Ornament ein bekanntes Motiv. Eine Reihe aus Akanthusblättern wird „Akanthusfries" genannt. Eine aus Akanthusblättern zusammengesetzte runde und symmetrische Blüte wird als „Akanthusrosette" bezeichnet. Eine aus Akanthusblättern zusammengesetzte Ranke heißt „Akanthusranke". In der Architektur findet sich das Akanthusmotiv als Verzierung von Säulen, Decken und anderen Gebäudeteilen. Akanthusaltäre findet man in der Oberpfalz beispielsweise in Reuth, Thumsenreuth und Poppenreuth. Die häufig ausladenden und vergoldeten Ranken umrahmen das zentrale Motiv. Im Unterschied zu vielen anderen Altären ergibt sich dadurch ein sehr flächiger Gesamteindruck.

Allegorien: Die Allegorie (griechisch: allegoria: andere/verschleierte Sprache, allos: anders, verschieden, agoreuo: eindringlich sprechen, eine öffentliche Aussage machen und agora: Versammlung) ist eine Form indirekter Aussage, bei der eine Sache (Ding, Person, Vorgang) aufgrund von Ähnlichkeits- und/oder Verwandtschaftsbeziehungen als Zeichen einer anderen Sache (Ding, Person, Vorgang, abstrakter Begriff) eingesetzt wird. So sind der Sensenmann – er steht für den Tod – und die Justitia mit verbundenen Augen und einer Waage in der Hand – als Sinnbild für Gerechtigkeit – Beispiele für Allegorien. In Deutschland beziehungsweise im Deutschen Reich stellen die Germania, in Frankreich die Marianne, in der Schweiz die Helvetia, in Großbritannien die Britannia und schließlich in den USA Lady Liberty Allegorien dar. In der Auslegung mythologischer und heiliger Texte hat die Annahme von Allegorien eine besondere Rolle gespielt bei dem Anliegen, den überlieferten, in seiner wörtlichen Aussage teilweise unglaubwürdig oder unverständlich gewordenen Text auf eine verborgene Weisheit oder Wahrheit hin auszulegen und so das Denken und Glauben der eigenen Zeit und Kultur als bereits in der Vergangenheit vorausgeahnt und beglaubigt auszuweisen. Als sprachlicher oder künstlerischer Ausdruck ist eine Allegorie von vorneherein auf ihre Deutung hin konstruiert.

Antependium: (von lat. ante „vor" und pendere „hängen") ist ursprünglich ein reich verzierter und bestickter Vorhang aus Stoff vor oder an den Seiten des Altarunterbaus. Gebräuchlich sind diese Vorhänge seit dem 4. Jahrhundert. Im Mittelalter ist der Altar von der Altarplatte bis zum Boden oft nicht mit Stoff, sondern mit Holz, Edelmetall oder Stein auch an der Rückseite (Dorsale, franz. dossier) verkleidet, häufig auch mit Verzierungen geschmückt. Auch diese Verkleidung wird Antependium genannt. Seit 1570 war in der katholischen Kirche ein Stoffbehang vorgeschrieben. Antependien sind sowohl in der evangelischen als auch in der katholischen Kirche in Gebrauch. Sie dienen in der Regel als Altar- und als Kanzelbehang.

Architrav: Der Architrav (ital. architrave, aus griech. archi-, Ober-, Haupt- und lat. trabs: Balken) ist ein auf einer Stützenreihe ruhender Horizontalbalken. Der Architrav verteilt die Last der oberen Architekturglieder, insbesondere des zur Dachkonstruktion gehörenden Gebälks auf Pfeiler oder Säulen, kann aber auch am oberen Wandabschluss vorkommen.

Ante: Eine Ante ist eine vorgezogene Mauerzunge in der antiken griechischen und römischen Architektur, sie kommt als Grundelement aber bereits bei vorgeschichtlichen Bauten vor. Die Antenstirn ist meist zum Antenpfeiler verstärkt, der auf einer Antenbasis ruht und von einem Antenkapitell bekrönt wird.

Arkade: Eine Arkade (lat. arcus: der Bogen) bezeichnet in der Architektur einen von Pfeilern oder Säulen getragenen Bogen. Der Bogen lässt wesentlich größere Spannweiten zu, als dies beim Architrav (siehe dort) möglich ist. Bei einer Abfolge nebeneinanderliegender Arkaden spricht man auch von einer Arkadur. Der Gang, dessen Seite von einer Bogenreihe begrenzt wird, wird wiederum oft einfach als Arkade bezeichnet, zur genaueren Unterscheidung wird hierfür die Bezeichnung Bogengang oder Arkadengang verwendet.

Auge Gottes oder der Vorsehung: Das Auge der Vorsehung (auch Allsehendes Auge, Auge Gottes) ist ein Symbol, das gewöhnlich als das alle Geheimnisse durchdringende Allsehende Auge Gottes interpretiert wird und den Menschen an die ewige Wachsamkeit Gottes mahnen soll. Dargestellt wird es als ein von einem Strahlenkranz umgebenes Auge und ist meist von einem Dreieck umschlossen, das die göttliche Dreifaltigkeit bildlich darstellen soll. Dieses Dreieck schließt auch die Aspekte mit ein, die der Zahl Drei nachgesagt werden, die von Alters her als Annäherung an die Kreiszahl bekannt ist und daher als heilige göttliche Zahl galt.

Biforium: zwei durch eine Mittelsäule gekuppelte Fenster. Unter „gekuppelt" versteht man in der Architektur gleichartige und nebeneinanderliegende Bauteile, die durch ein gemeinsames Bauglied miteinander verbunden sind. Ein gekuppeltes Fenster ist ein Fenster, das aus zwei oder mehr Fensteröffnungen besteht. Die aus zwei Fensteröffnungen gebildete Form wird auch als Biforium oder Zwillingsfenster bezeichnet. Ein Fenster, das durch zwei Säulen in drei Öffnungen unterteilt wird, heißt Drillingsfenster.

Brakteaten: Brakteaten (von lat.: bractea – dünnes Metallblech – abgeleitet) sind bestimmte Arten von Medaillen oder Münzen. Das gemeinsame Merkmal der kreisrunden Schmuckscheiben aus Edelmetall ist es, dass sie einseitig geprägt wurden, im Gegensatz z. B. zu den doppelseitig geprägten Denaren. Brakteaten wurden vorwiegend in Nordeuropa hergestellt. Zwischen dem 5. und 7. Jahrhundert waren sie weit verbreitet. Das Gold für die Brakteaten stammte überwiegend aus Münzen des römischen Reiches, die durch Handel, Sold, Tribut und Beutezug in den

Norden gekommen waren. Neben der Abbildung von Figuren und Göttern kommen vor allem Tiere auf den Brakteaten vor. Etwa ein Drittel aller Brakteaten trägt Runen.

Ephorie: Als Ephorie (griechisch) bezeichnet man einen kirchlichen Aufsichts- oder Amtsbezirk. Die Bezeichung Ephorie wird im Kirchenbezirk in der Evangelisch-Lutherischen Landeskirche Sachsens verwendet. In anderen Regionen beziehungsweise Bundesländern ist der Begriff Kirchenkreis gebräuchlich. Ephorien werden auch die regionalen Abteilungen des griechischen Kulturministeriums genannt.

Epitaph: als Epitaph (griech. epitaphios, lat.: epitaphium) wird ein Denkmal bezeichnet, das in einer Kirche oder ihrem Umfeld an einen oder mehrere Verstorbene erinnert. Epitaphien sind meistens künstlerisch aufwändig gestaltet und befinden sich im Unterschied zum Grabmal nicht zwangsläufig am Bestattungsort des Verstorbenen. Während des Spätmittelalters ging das Epitaph aus zwei Wurzeln hervor: Einerseits erhielten Andachtsbilder, die für Verstorbene gestiftet wurden, durch entsprechende Inschriften zunehmend den Charakter von Gedenkbildern, andererseits wurden vor allem in großen Kirchen aufwändig gestaltete Grabplatten immer häufiger an Wänden und Pfeilern aufgestellt. Im 16. und 17. Jahrhundert führte das wachsende Repräsentationsbedürfnis des städtischen Bürgertums und des Adels zu einer schnellen Weiterentwicklung der Epitaphien.

Fialen: Fialen (von italienisch foglia: Nadel) oder Pinakel sind aus Stein gemeißelte, schlanke, spitz auslaufende Türmchen, die in der gotischen Architektur der Überhöhung von Wimpergen (siehe dort) und Strebepfeilern dienten. Neben dieser ästhetischen haben sie häufig auch eine statische Funktion, weil sie die Konstruktion durch ihr Gewicht zusätzlich stabilisieren.

Flügelaltar: Der Flügelaltar (auch Klappaltar) ist eine in Mitteleuropa verbreitete Sonderform des Altaraufsatzes (Retabel), bei der der feststehende Altarschrein durch zwei (Triptychon), vier

(Pentaptychon) oder mehrere (Polyptychon) bewegliche Flügel geschlossen werden kann (Die Fremdwörter stammen aus dem Altgriechischen; trís: dreimal, pénte: fünf, polýs: viel). Da der Flügelaltar je nach den Motiven und der Art der Gestaltung (gemalte Tafel oder Relief) an Werktagen beziehungsweise an Sonn- oder Feiertagen wechselnde Ansichten bieten kann, heißt er auch Wandelaltar.

Gesprenge: Als Gesprenge bezeichnet man den geschnitzten Zieraufsatz oberhalb gotischer Flügelältäre. Es besteht meist aus schlank nach oben strebenden Filialen und Tabernakeln, die meist mit reichem Zierwerk und Figuren besetzt sind. Weit verbreitet waren dabei Altaraufbauten aus drei turmartig nebeneinanderliegenden Schmuckfeldern. Als figürlicher Schmuck der Gesprenge dienten meist Kreuzigungsgruppen mit Maria und Johannes, aber auch Heiligenfiguren oder Schmerzensmann-Darstellungen und Engel mit den Leidenswerkzeugen Christi sowie Wappen der Auftraggeber. Mit der Hinwendung zur Renaissance wurde immer öfter auf die Figuren verzichtet. Üblicherweise ersetzte man sie durch Pflanzendarstellungen.

Golgota: (auch: Golgatha oder Golgotha) ist der heute verwendete Name eines bislang unbekannten Hügels außerhalb des Jerusalems der Antike. Den neutestamentlichen Evangelien zufolge wurde dort Jesus von Nazaret gekreuzigt.

Heiliger: Als Heilige oder Heiliger wird eine Persönlichkeit bezeichnet, die als der jeweiligen Gottheit besonders nahestehend beziehungsweise als ein in religiöser und ethischer Hinsicht vollkommener Mensch angesehen wird. Dabei wird das allgemeine Konzept der Heiligkeit individualisiert und auf einen einzelnen Menschen angewandt.

Kapitell: Das Kapitell (auf der letzten Silbe zu betonen, von lat. capitellum: Köpfchen zu caput: Kopf), früher auch Kapität genannt, ist der obere Abschluss einer Säule, einer Ante, eines Pfeilers oder eines Pilasters. Das Kapitell ist plastisch deutlich ausgeformt. Es ist ein wichtiges ornamentales Element und meist floral, mit Voluten oder figurativ ausgeführt. Im Laufe der Geschichte haben sich vielfältige Ausformungen der Kapitelle entwickelt. In der griechischen Architektur werden die Kapitelle in drei Haupttypen unterteilt, die in der Säulenordnung festgelegt sind: das dorische, das ionische und das korinthische Kapitell. Die schier unendliche Liste der Kapitellarten beinhaltet das beinahe gesamte Alphabet von A wie Adlerkapitell über Doppelwürfel-, Knollen-, Lotosknospen-, Ochsenkopf-, Papyrus- und Stalaktiten- bis Z wie Ziegelwürfelkapitell.

Krüppelwalmdach: Ein Krüppelwalmdach ist eine vom Satteldach weiterentwickelte Dachform und die am häufigsten verwendete Form des Walmdaches. Bei dieser Dachform ist nicht der gesamte Giebel, sondern nur der obere Teil abgewalmt. Diese Walmflächen weisen demnach eine geringere Höhe als die angrenzenden Hauptdachflächen auf. Das Krüppelwaldmach schafft eine hohe Stabilität und Festigkeit für alle Bereiche und ist damit in der Lage, sogar starke Lasten aufzunehmen.

Laterne: Als Laterne (von griechisch lampter: Leuchter, Fackel) wird ein runder, quadratischer oder polygonaler turmartiger Aufsatz – entweder offen oder mit Fenstern – auf einem Turm, einem Gebäude oder Gebäudeteil bezeichnet. Die vergleichsweise großen Turmlaternen hatten in der Antike und im Mittelalter neben der Warnfunktion bei Leuchttürmen auch Wachfunktionen auf Kirch- oder Rathaustürmen. Später funktionslos geworden, fungieren die inzwischen kleiner gewordenen Laternen seit der Spätrenaissance und im Barock als reines Architekturdekor.

Manual (lat. manus ‚Hand‘): steht bei Musikinstrumenten, vor allem bei Orgeln, für die handbetätigte Tastenreihe, die Klaviatur.

Maßwerk: Mit Maßwerk bezeichnet man in der Architektur die filigrane Arbeit von Steinmetzen in Form von flächigen Gestaltungen von Fenstern, Balustraden und geöffneten Wänden. Das Maßwerk besteht aus geometrischen Mustern, die als Steinprofile umgesetzt werden. Dabei wird der Stein komplett durchbrochen (skelettiert). Werden diese Dekorationen einer geschlossenen Wandfläche aufgelegt, spricht man von Blendmaßwerk. Stehen sie frei vor einer Wand, bezeichnet man sie als Schleiermaßwerk.

Menhire: Menhir bedeutet in der bretonischen Sprache „langer Stein" (maen: Stein, hir: lang); ein mehr oder minder großer aufgerichteter Monolith. Diese Bezeichnung fand bereits Ende des 18. Jahrhunderts Eingang in die archäologische Fachliteratur Frankreichs und Kontinentaleuropas. Menhire werden auch Hinkelsteine genannt.

Patronatsloge: Als Patronatsloge – regional abweichend auch Patronatsstuhl, Fürstenstuhl oder Grafenstuhl – bezeichnet man eine meist wegen der fehlenden Beheizbarkeit des Kirchenschiffes mit Fenstern abgeschlossene Loge, die dem adligen Grundherren und seinem Gefolge für seine Besuche in dem Gotteshaus diente. Oft waren die Logen über einen eigenen Eingang erreichbar, damit der Grundherr oder Schlossbesitzer die Kirche nicht zusammen mit dem einfachen Volk oder seinen Bediensteten betreten musste. Die Logen repräsentierten den Stand des Patronatsherrn.

Pedalkoppeln: Spielhilfen bei der Orgel. Sie erlauben das gleichzeitige Spiel von verschiedenen Werken auf einem Manual oder das Spiel der Manualregister im Pedal. So ist es möglich, die Register verschiedener Manuale zugleich zu spielen und sowohl eine größere Lautstärke als auch zusätzliche Kombinationsmöglichkeiten zu erreichen. Die Bedienung der Manual- und Pedalkoppeln erfolgt je nach Orgel durch spezielle Fußhebel, Handzüge, elektrische Drucktasten oder durch das Verschieben eines Manuals (Schiebekoppel). Koppeln werden entsprechend bezeichnet, indem zuerst das hinzugekoppelte Manual angegeben wird und dann das Manual, auf das die Koppel wirkt, beispielsweise „II–I" (zweites Manual wird an das erste gekoppelt) oder „HW/ Ped" (Hauptwerk wird an das Pedal gekoppelt).

Pilaster: Der Pilaster ist ein Teilpfeiler, der in den Mauerverbund eingearbeitet ist. Er wird auch als Wandpfeiler bezeichnet und kann tragende statische Funktion haben, muss diese aber nicht besitzen. Ähnlich wie die Halb- oder Blendsäule kann der Pilaster ein Element der Scheinarchitektur in Putz und Stuck sein.

Pfeilergrabmal: Das Pfeilergrabmal ist ein aus mehreren übereinander gestellten Blöcken – den Grabpfeilern – bestehendes Grabmal, meist aus einem Stufensockel, einem Block mit der Grabinschrift und einem Block mit Reliefs zusammengesetzt und bekrönt von einem Pyramiddendach. Diese Art des Grabmals ist eine vor allem in den Rheinprovinzen gebräuchliche Form des monumentalen Familiengrabes.

Polygon: Polygon (aus dem altgriechischen polygo-nion: Vieleck; zurückzuführen auf polys: viel und go-nia: Winkel) oder auch Vieleck ist ein Begriff aus der Geometrie. Ein Polygon ist eine geometrische Figur, die man erhält, indem man mindestens drei voneinander verschiedene Punkte (Ecken) in einer Zeichenebene durch Strecken (Kanten) miteinander verbindet. Durch den entstandenen Linienzug wird eine zusammenhängende Fläche umschlossen. Auch diese so entstandene Fläche wird oft Polygon genannt. Dreiecke, Vierecke und Sechsecke sind aus dem Alltag bekannte Beispiele für Polygone.

Predella: Die Predella (ital. für Stufe, Tritt) ist ein Sockel oder eine Stufe. In der bildenden Kunst versteht man unter der Predella die Gemälde oder Schnitzerein unterhalb des Altarbildes. Die Predella hat oft thematischen Bezug zu den darüber dargestellten Szenen; bei einem Passionszyklus zum Beispiel die Grablegung Christi. Wegen der Nähe zum Altartisch und wegen des breiten, niedrigen Bildformates ist auch die Darstellung des letzten Abendmahls ein verbreitetes Predellenmotiv. Die Predella wurde manchmal als Reliquienschrein verwendet.

Rezess: (früher auch Receß, Rezeß von lat. recedere = auseinandergehen, zurückweichen, lat. recessus = Rücktritt) ist ein veralteter

Ausdruck für einen landes- oder ortsrechtlichen Vergleich. Ein Rezess ist ein rechtlicher Begriff für Auseinandersetzung oder Vergleich über strittige Verhältnisse. Rezesse sind im Verwaltungsrecht rechtssetzende Vereinbarungen, die unter Mithilfe des Staates geschlossene objektive Rechtsnormen bildende Verträge darstellen. Sie gelten für alle Beteiligten verbindlich.

Der Rezess stellt auch (historisch) den Abschluss eines Vertrages dar. Im weiteren Sinne bezeichnet Rezess im alten tridentinischen Ritus auch die Gebete der Danksagung, die der Priester auf dem Weg in die Sakristei oder dort selbst verrichtet. Häufig wurden dem eigentlichen Rezess noch weitere Gebete angefügt

Saalkirche: Eine Saalkirche ist ein einschiffiges Kirchengebäude, dessen Innenraum ein Saal ist, der nicht durch Stützen unterteilt wird. Neben der Hallenkirche, der Basilika und dem Zentralbau ist die Saalkirche einer der vier Grundtypen des christlichen Kirchenbaus. Es gibt allerdings keine klare Abgrenzung zwischen den einzelnen Gebäudeformen. An vielen Kirchen hat sich im Laufe ihrer Baugeschichte eine Kombination aus verschieden Typen entwickelt.

Sakramentsnische: Hostienbehälter wurden seit dem 12. Jahrhundert in eine besondere verschließbare Wandnische im Chorbereich gestellt. Diese sogenannten Sakramentsnischen waren bis ins 16. Jahrhundert üblich. In der Regel erhielten diese Nischen ein Holz- oder schmiedeeisernes, oft kunstvoll gestaltetes Verschlußtürchen. 1614 verbot Papst Paul V. die Benutzung der Sakramentsnische und machte die Aufbewahrung der Hostie im Tabernakel zur Vorschrift. Nach der Reformation wurden diese Nischen in der evangelischen Kirche funktionslos. Viele dürften zugemauert worden sein. Alte Sakramentsnischen wurden aber teilweise zur Aufbewahrung anderer Gegenstände weiterbenutzt. Das Wort Sakrament stammt vom kirchenlateinischen Begriff sacramentum: Heilszeichen, Heilsmittel, Heilsweg, sichtbares Zeichen der verborgenen Heilswirklichkeit ab.

Sakristei: in Kirchen ein Nebenraum, in dem aufbewahrt wird, was für den Gottesdienst benötigt wird, wie etwa liturgische Gewänder und Paramente, liturgische Geräte wie Kelche, Hostienschalen, Leuchter, liturgische Bücher, Hostien, Messwein und Kerzen. Priestern, Diakonen, Lektoren und Ministranten diente die Sakristei als Vorbereitungs- und Umkleideraum. Eine altdeutsche Bezeichnung für die Sakristei ist das Garwehaus, das von garven (zurechtmachen, zurechtlegen; vgl. das englische Wort garment) abgeleitet wurde.

Schallarkaden: Bogenöffnungen im Glockengeschoss eines Kirchturmes. Sie dienten dazu, dem wohltönenden Schall der Glocken den Weg ins weite Land zu ermöglichen, ja ihn zu unterstützen. Meist waren sie deshalb in alle vier Himmelsrichtungen gebaut und zumeist zweigeteilt, rund- oder spitzbogig.

Schalltöpfe: Zur Verbesserung – oder Verfremdung? – der Raumakustik wurden in Kirchen des 8. bis 10. Jahrhunderts große Tontöpfe so in die Außenmauern eingefügt, dass die Öffnung der Gefäße dem Kirchenraum zugewandt war. Mancherorts wurden sie auch im Kirchenboden eingelassen, mit Steinplatten abgedeckt und mit Estrich verstrichen. Die Anregung dazu könnte aus Aristoteles' Schriften gestammt haben.

schriftsässig: Waren eine Reihe von Grundherrschaften den sich zeitlich und institutionell parallel entwickelnden Ämtern zugeordnet – und galten somit als amtssässig – standen andere Grundherrschaften den Ämtern gleich und galten als (kanzlei)schriftsässig. So bezeichnet wurden diejenigen Grundherrschaften, die direkt von der landesherrlichen Kanzlei angeschrieben wurden. Dies bezeichnete die rechtliche direkte Unterstellung unter den Landesherrn und seine höchste Gerichtsbarkeit bereits in erster Instanz. Schriftsässigkeit war an das Gut und nicht an die Person des Grundherrn gebunden.

Schweifhaube: Als Schweifhaube bezeichnet man eine besondere Turmbekrönung, die insbesondere im Barock verbreitet war.

Die typische Schweifhaube hat im unteren Bereich eine Wölbung nach außen, die etwa in der Mitte in eine nach innen gerichtete Rundung übergeht. Die Spitze der Konstruktion ist stets sehr schlank.

Sodom und Gomorra: (andere Schreibweisen: Gomorrah; Gomorrha) Die Städte sind Gegenstand einer Erzählung im Alten Testament, derzufolge sie durch Gott unter einem Regen aus Feuer und Schwefel begraben wurden, weil sie der Sünde anheimgefallen waren.

Tabernakel: Der (auch das) Tabernakel (lat. tabernaculum: Hütte, Zelt) ist in katholischen Kirchen die Bezeichnung für den Aufbewahrungsort der in der Heiligen Messe gewandelten Hostien, die nach katholischem Verständnis Leib Christi sind. Beim Tabernakel handelt es sich um ein künstlerisch gestaltetes Sakramentshaus mit massiven Wänden und verschließbarer Tür. Der Tabernakel ist ein Ort der stillen Anbetung.

Tympanon: Der kreuzförmige Grundriß einer mittelalterlichen Kirche wird als hingestreckter Leib gesehen. Der Chorraum entspricht dem Haupt, das Querhaus den ausgestreckten Armen und der Eingangsbereich den Füßen. In den Körper hinein wird die Weltordnung abgebildet. Das Trudperter Holeto um 1160 deutet den Körperaufbau so, dass das Haupt die Trinität symbolisiert, der Leib die Kirche der Gegenwart, die Beine und Füße die Zeit bis zum Auftreten des Antichristen und bis zum Jüngsten Gericht. Nach dieser symbolischen Vorstellung hat das Jüngste Gericht am „Fußende" der Kirche, im Tympanon – dem Feld über dem Portal – seinen Platz.

Volute: Voluten (lat. volutum: das Gerollte) ist ein aus dem Französischen abgeleiteter Ausdruck für eine Schneckenform (Spirale) in der künstlerischen Ornamentik, besonders in der Architektur. Voluten finden sich in der Baukunst an Konsolen, Giebeln und Kapitellen.

Weihekreuz: auch Apostel- oder Nimbuskreuz, päpstliches Kreuz (lat.: crux signata). Ein von einem Kreis umschlossenes und aus gebogenen Linien gebildetes Kreuz, meist in roter Farbe gefasst. Der Kreis soll die Vollkommenheit oder Unendlichkeit versinnbildlichen, die rote Farbe stand für das Blut Christi. In Kirchen aus romanischer und gotischer Zeit fand sich das Zeichen meist in der Zwölfzahl, womit auf die zwölf Apostel verwiesen wurde, auf denen die Kirche Christi gründet. Den Zeichen war üblicherweise je ein Kerzenleuchter beigestellt, der am Jahrtag der Kirchenweihe entzündet wurde. In reformierten Kirchen sind die Weihekreuze gewöhnlich übertüncht worden. Ausser an den Innenwänden oder Säulen des Kirchenschiffs wurde das Weihekreuz auch an Altartischen, an liturgischem Gerät und an Grabplatten angebracht.

Wimpergen: Ein Wimperg (auch Wimperge oder Wimberg; ahd.: wintberga, mhd.: wintberge) ist in der Architektur der Gotik eine giebelartige Bekrönung über Portalen und Fenstern. Das Wort ist im Deutschen seit dem 10. Jahrhundert belegt. Die Ausgangsbedeutung war „was vor dem Wind schützt, birgt". Gemeint waren ursprünglich Giebelteile, die über das Dach hinausragen. In diesem Zusammenhang findet sich Wintberge in älteren Quellen auch in der Bedeutung „Zinne", vereinzelt auch „Wimperg" als „zahnartiger Aufsatz der Brüstungsmauer einer Zinne". Der Wimperg gilt als ein Architekturelement, das als Ziergiebel den Höhendrang der Gotik verstärkt.

Danksagung

Aus den unterschiedlichsten Quellen, auf verschiedenen, sogar verschlungenen Wegen erhielt ich bei meinen umfangreichen Recherchen für dieses Buch teils mündlich, teils aus vorhandenem und frei zugänglichem Schriftgut, mitunter zufällig, oft auch spontan vielfache Anregungen und Hinweise, wertvolle Informationen und weiterführende Ergänzungen sowie wiederholt ausnahmslos freundliche Unterstützung.

Dafür danke ich im Besonderen:
Maria Bartsch, Torsten Bau, Günther Baumgarten, Prof. Dr. Manfred Becker-Huberti, Heinz Walther Borgass, Christa Bormann, Horst Brandt, Stefan Domke, Cornelia Fidelack, Matthias Fischbach, Ute Fuhrmann, Ruth Gärtner, Uwe Glimm, Heinz Graupner, Kathrin Hauser, Holger Herfurth, Harald Hillger, Dr. Dirk Höhne, Dieter Jünger, Dr. Hans-Jürgen Kaftan, Axel Kaminsky, Dr. Siegfried Keil, Dagmar Klamt, Torsten Klepzig, Detlef Kohrs, Gerlinde Kullmann, Detlef Lautenschläger, Roswitha Lautenschläger, Christa Lorke, Margit Messerschmidt, Arthur Messerschmidt, Elinore Ringling, Elke Rogge, Dr. Gerlinde Schlenker, Brigitte Schrumpf, Andreas Schuster, Annemarie Stark, Erich Stephan, Manfred Thon, Marianne Timme, Heiner Urmoneit, Paul Volkmar, Rainer Vogt, Reinhard Wegeleben, Johannes Werner, Uwe Willweber, Prof. Dr. Eberhard Winkler, Georg Wünning, Helmut Zimmermann und Helga Zorn.

Meiner Frau Inge Maria danke ich herzlich für erste Hinweise, ihre bewundernswerte Geduld und den stets ermunternden Zuspruch.

Besonderer Dank gebührt Odo Lilienthal für seine sachkundigen Ratschläge sowie Klaus Pankow für hilfreiche Korrekturen.

Nicht versäumen möchte ich, mich an dieser Stelle auch bei allen Nichtgenannten zu bedanken. Trotz sorgfältiger Recherche war nicht in allen Fällen eine eindeutige Zuordnung der Autorschaft möglich. Das trifft besonders bei Informationen zu, die im Internet zugänglich sind.

Bernd Heinrich

Im Verlag erschienen

Bernd Heinrich
Die Augen öffnen – Kirchen im historischen Saalkreis
mit 30 farbigen Abbildungen von
Jutta Krause-Petroll

Format: 120 x 190 mm, 144 Seiten,
Pappband, Fadenheftung, Leseband,
Schutzumschlag,
ISBN: 978-3-942249-10-2
Verkaufspreis: 12,80 Euro

Eine Marmorsäule, die in der Nacht von Karfreitag zum Ostersonnabend Blut und Wasser schwitzt? Eine Klingel und ein Namensschild an der Kirchentür? Ein Kruzifix, das wegen seines „schauerlichen Eindrucks" vom Pfarrer eigenhändig aus der Kirche entfernt und auf dem Friedhofsgelände vergraben wird?

Auf diese und viele weitere Fragen gibt das Buch „Die Augen öffnen – Kirchen im historischen Saalkreis" Antwort. Über hundert Gotteshäuser stehen in den Gemeinden rings um Halle. 30 Kirchen hat die ehemalige Lehrerin Jutta Krause-Petroll in den Jahren 1986 bis 1989 gezeichnet. Mehr als zwei Jahrzehnte lagen die Blätter wohlverwahrt in einer Kassette. Freunde hatten die inzwischen 86-Jährige, die früher auch Zeichenunterricht gab, wiederholt gedrängt und ermuntert, ihre Aquarelle in geeigneter Weise drucken zu lassen. Schließlich entstand der Wunsch nach der Herausgabe eines kleinen Buches mit entsprechenden ergänzenden Texten.

„[...] ein lesens- und liebenswertes Buch, das vom Mut, Optimismus und Engagement der Menschen vor Ort berichtet und davon, dass es sich durchaus lohnt zu bewahren, was uns vergangene Generationen aus alten Zeiten mitgegeben haben."

Glaube + Heimat, Mitteldeutsche Kirchenzeitung

Klaus Pankow
Die Einzelheit – Gespräche, Porträts und Kritiken zur Gegenwartsliteratur

Format: 115 x 200 mm, 112 Seiten,
Broschur, Klebebindung,
ISBN: 978-3-942249-00-3
Verkaufspreis: 9,80 Euro

Dieser kleine Auswahlband mit Gesprächen, Porträts, Glossen, Buchbesprechungen und Nachworten dokumentiert wohl vor allem eines: Der Leser ist ein Liebender. „Lauter Verrisse" waren nie meine Sache. Es ist ein Glück, sich in einem Buch zuhause zu fühlen. Das hat nichts mit Eskapismus zu tun, sondern mit der Freude an klarer Sprache und an guten Geschichten.
(Aus der Vorbemerkung des Autors)

Das Buch enthält Gespräche mit Walter Jens und Winfried Völlger, Texte über Winfried Völlger, Christoph Kuhn, über freie Mitarbeiter des Ministeriums für Staatssicherheit, die 3. Bitterfelder Konferenz, die Vereinigung der Schriftstellerverbände, über Franz Fühmann, Lothar Walsdorf, Kerstin Hensel, Arnfrid Astel, Peter Schütt, Peter Rühmkorf, Martin Walser, Karin Kiwus, Botho Strauß, Peter Handke, Ernst Jandl, Adolf Muschg.

„So schmal das Bändchen auch ist, so überaus gewinnbringend und genussreich ist seine Lektüre. [...] Es ist ein köstliches Buch, in großem Ernst und voller Empathie geschrieben."

Mitteldeutsche Zeitung

Bernd Heinrich wurde 1946 geboren. Seit seinem 20. Lebensjahr war der gelernte Schriftsetzer und Diplom-Ingenieur (FH) mit Unterbrechungen journalistisch tätig, unter anderem für die Liberal-Demokratische Zeitung (LDZ) und deren Nachfolger „Hallesches Tageblatt". Als die bis dahin älteste Tageszeitung Sachsen-Anhalts 1995 – im 50. Jahr ihres Bestehens – eingestellt wurde, arbeitete er mehr als fünf Jahre im Landratsamt des historischen Saalkreises, zunächst als persönlicher Mitarbeiter des Landrates und später auch als Pressesprecher. Dabei lernte er den „Kragenkreis" um Halle in seinen damaligen Grenzen sehr gut kennen und wohl auch lieben. Im Jahr 2002 wechselte der gebürtige Hallenser in die Pressestelle der Stadt Halle (Saale). Hier war er bis 2010, dem Jahr seines Ausscheidens aus dem aktiven Arbeitsleben, tätig. Seitdem beschäftigt er sich unter anderem auch verstärkt mit der Popularisierung hallescher Mundart.

Jutta Krause-Petroll, geborene Petroll, wurde 1926 geboren. Das Abitur legte sie im Kriegsjahr 1944 ab. Unmittelbar danach erfolgte ihre Einberufung zum Arbeitsdienst. Nach Abschluss der Lehrerausbildung war die gebürtige Hallenserin dreißig Jahre – von 1949 bis 1979 – im Schuldienst tätig. Ihr verstorbener Mann war ebenfalls Lehrer. Als er Rentner wurde, unternahmen beide Pädagogen zahlreiche Ausflüge in die nähere und weitere Umgebung Halles. Dabei galt das besondere Interesse des Ehepaares Krause den etwa einhundert Gotteshäusern in zahlreichen Gemeinden des historischen Saalkreises. So entstanden in den Jahren 1985 bis 1989 Skizzen zu Zeichnungen vieler Dorfkirchen, von denen 27 im vorliegenden Buch abgebildet sind. Texte und Zeichnungen zu weiteren 30 Kirchen in Halles unmittelbarer Umgebung enthält das Buch „Die Augen öffnen – Kirchen im historischen Saalkreis".

Bibliographische Information Der Deutschen Bibliothek

Die Deutsche Bibliothek verzeichnet diese Publikation in der Deutschen Nationalbibliografie; detaillierte bibliographische Daten sind im Internet über http:///www.dnb.ddb.de abrufbar.

Titelbild und Frontispiz: Jutta Krause-Petroll, „Ober-Teutschenthal"

Lektorat: Klaus Pankow

Einband, Satz, Layout, Karte: Roland Heinrich

Gesamtherstellung: Verlag Roland Heinrich

© Titelbild und alle Abbildungen in diesem Buch: Jutta Krause-Petroll

© 2012, Verlag Roland Heinrich, Halle an der Saale

ISBN 978-3-942249-11-9